LES RIVIÈRES DU SUD

LA

MELLACORÉE

ET

LA COLONIE DE SIERRA LEONE

Prix : 1 fr. 25

PARIS

CHARLES BAYLE, ÉDITEUR

16, RUE DE L'ABBAYE, 16

1890

AVANT PROPOS

Le décret du 3 août 1889 a proclamé l'autonomie des Rivières du Sud à partir du 1er janvier 1890. Cet acte officiel a attiré davantage l'attention du monde colonial sur la nouvelle née, déjà connue quelque peu. Son émancipation politique ne peut que faire augmenter la part à laquelle elle a droit dans les sympathies de ceux qui s'occupent des questions d'outre-mer.

Aussi croyons-nous le moment propice pour montrer ce que sont les Rivières et ce qu'on peut en attendre.

Le présent travail ne devant être qu'une courte étude, nous n'avons ni l'intention, ni la possibilité de suivre pas à pas l'historique des quatre Cercles qui forment *les Rivières du Sud*. En dehors d'un exposé général au triple point de vue géographique, politique et commercial, exposé qui nous semble indispensable pour mettre le lecteur au courant des grands côtés de la question, nous ne traiterons bien à fond que le Cercle de la Mellacorée.

Ce Cercle touche les Possessions anglaises. Il est la barrière naturelle qui isole les autres Cercles des menées et des agissements étrangers. La lutte de rivalité qui depuis des années existait entre Sierra-Leone et les Rivières du Sud, a pris depuis deux ans un caractère plus aigu; de latente qu'elle était, l'hostilité est devenue ouverte : quelquefois même les vitres ont failli être brisées. C'est le Cercle de la Mellacorée qui est uniquement le théâtre de cette lutte.

En retraçant l'histoire de la Mellacorée, surtout depuis 1887, nous essayerons de montrer quels ennemis nous
y attaquent, quelles âpres convoitises les poussent, et
l'incorrection des moyens qu'ils mettent en œuvre.

Dévoiler la mauvaise foi des procédés des Anglais, montrer
les efforts constants faits par eux pour gêner notre action sur
cette partie de la côte occidentale d'Afrique : tel est le but
unique poursuivi dans cette étude.

La division en sera de trois parties qui comprendront :

La première, l'étude géographique des Rivières;

La deuxième, un exposé politique et commercial;

La troisième, l'historique des relations entre la Mellacorée et Sierra-Leone, depuis 1867.

LA MELLACORÉE

LA COLONIE DE SIERRA LEONE

CHAPITRE PREMIER

La Colonie des Rivières du Sud est partagée en quatre circonscriptions ou Cercles, confiés chacun à un Administrateur. Ces cercles sont ceux du Rio-Nuñez, du Rio-Pongo, de la Dubreka et de la Mellacorée. L'île Tombo, placée en face des îles de Los, sert de résidence au lieutenant-gouverneur qui habite Conakry. Ces quatre cercles sont situés au sud-ouest et au sud du Foutah-Djallon, et comprennent, sans solution de continuité, une longueur de côtes de 320 kilomètres. Ils s'étendent de l'embouchure du Rio-Compony à celle de la grande Scarcies. Leur profondeur, mesurée normalement à la ligne des côtes, est d'environ 80 kilomètres. Le cercle de la Mellacorée, par suite de récents traités, s'étend dans l'intérieur, vers le Nord-Est, sur une longueur de 175 kilomètres.

Limites. — Une ligne conventionnelle sépare les Rivières des Etablissements portugais. La ligne de démarcation entre les Etablissements anglais et la Mellacorée n'est pas encore officiellement établie. D'après les clauses de la Convention du 10 août 1890, la frontière paraît devoir partir de la rivière Mahela, nous laisser le Samoh, le Bennah et le Tamisso, puis se prolonger jusqu'à l'intersection du 10e degré de latitude Nord avec le 13e degré de longitude Ouest; ce dernier degré formant à l'est la ligne de démarcation des établissements anglais.

C'est donc une superficie de 52.000 kilomètres carrés, placée sous le protectorat ou la domination de la France.

Orographie. — Ces quatre cercles sont sillonnés, dans la partie est, par la chaîne du Foutah, dont les rameaux les couvrent presque jusque sur les bords de la mer. Le massif du Diongola, source du fleuve Sénégal, envoie ses contreforts ouest dans les cercles du Nuñez, du Pongo et de la Dubreka. Celui de la Mellacorée est traversé par la chaîne secondaire qui, partant du pic Kakoulima (Dubreka), vient retrouver plus au sud la chaîne du Loma avec le Timbi-Counda, source du Niger, de l'ouest à l'est d'abord, puis du nord-ouest au sud-est.

La Colonie a donc pour limite naturelle, du côté des terres, les massifs montagneux, têtes des bassins des deux grands fleuves dont la possession a été et est encore l'objet de tant de travaux, d'expéditions et de dépenses.

Hydrographie. — Du versant de ces chaînes s'échappent :
Pour le cercle du Rio-Nuñez :

1° Le Rio-Compony, qui sort des pentes sud du Foutah-Toro ;

2° Le Rio-Nuñez qui, partant des hauteurs du Bambaya, se déverse par trois bouches dans l'Océan, après avoir traversé le pays des Landoumans et celui des Nalous.

Pour le cercle du Rio-Pongo :

Le Rio-Pongo, crique profonde que sept bouches mènent à la mer. Son seul affluent important, le Rio-Fatalah, descend des hauteurs de Timbifin du Diongola, et sa vallée forme la route directe des caravanes du Foutah central aux comptoirs de la Rivière.

Pour le cercle de la Dubreka :

1° Le Bramayah, cours d'eau encore peu connu, mais aux rives fertiles. Il prend sa source sur les hauteurs du Kebou, traverse le Labaya, le Bramayah et le Koba, pour se terminer par trois estuaires dans la partie nord de la baie de Sangaréah.

Cette rivière mérite une mention particulière. Connue, dans son cours inférieur, sous le nom indigène de Konkourag, elle se bifurque en deux bras : au sud le Kokoula, qui remonte jusqu'à la chaîne centrale au pic du Grand-Benteniel, sa source ; au nord le Kakrima, qui rejoint les monts du Labbé et sort du pic de Kolima. La longueur de ces deux affluents est de 150 kilomètres pour le Kakrima et 130 pour le Kokoula. Le Konkourayg et ses deux tributaires arrosent donc 300 kilomètres de vallées fertiles où abondent les produits de toutes sortes.

2° La Dubreka.

3° Le Manéah.

Pour le cercle de la Mellacorée :

1° Le Morebaiah et son affluent, la rivière du Coké.

2° La rivière Forecariah, qui reçoit sur sa droite, à hauteur du poste douanier de Katonko, la rivière Bereire.

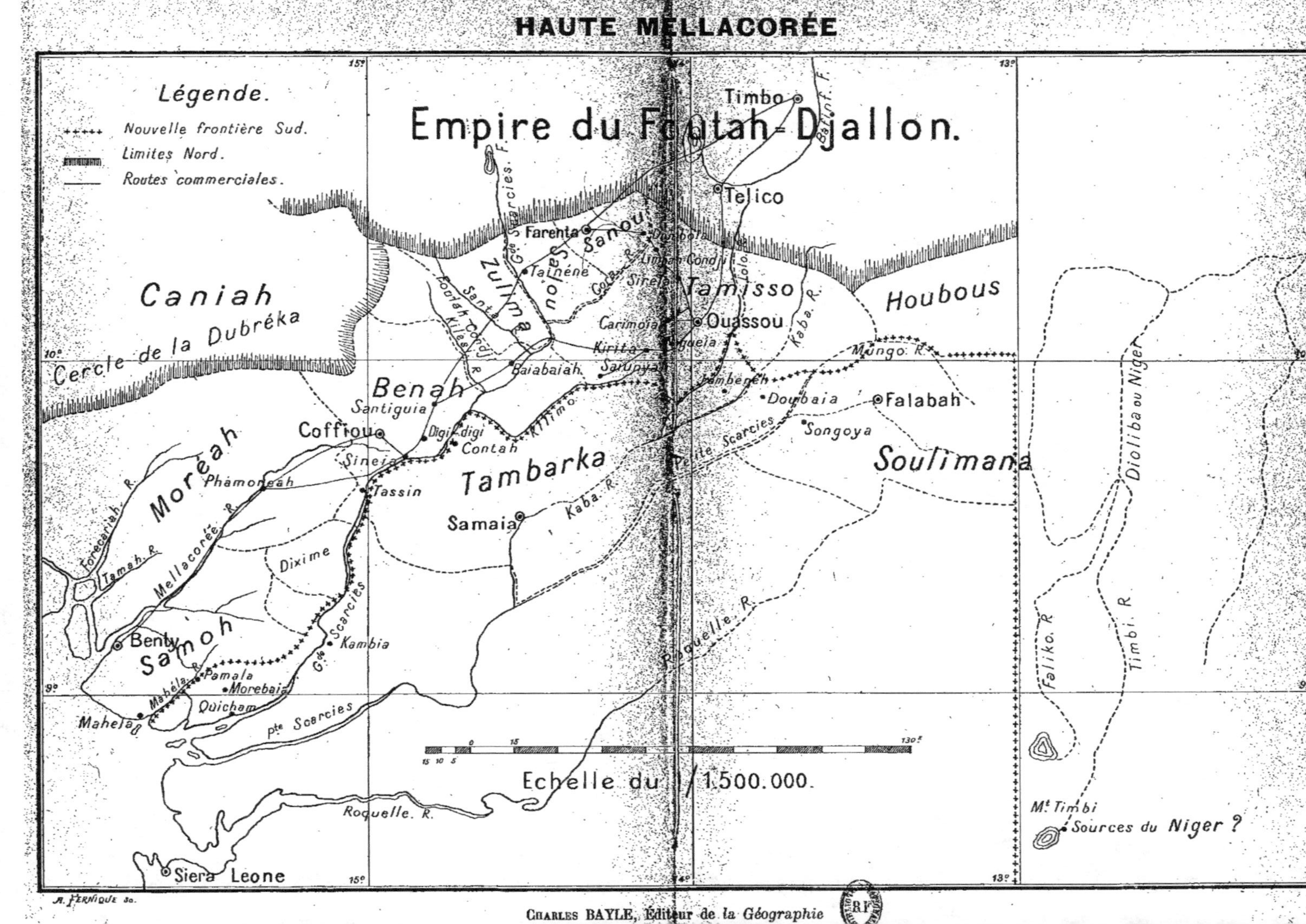

HAUTE MELLACORÉE
Empire du Foutah-Djallon.
Légende.
Nouvelle frontière Sud.
Limites Nord.
Routes commerciales.
Caniah
Cercle de la Dubréka
Moréah
Samoh
Benah
Tambarka
Zulima
Sanou
Tamisso
Houbous
Soulimana
Timbo
Telico
Farenta
Taïnéne
Limban Condji
Sirela
Carimoïa
Ouassou
Kirita
Niguéïa
Baiabaiah
Sarunya
Jambeneh
Doubaia
Falabah
Songoya
Santiguia
Coffiou
Digi digi
Contah
Kitimo
Sineïa
Phamoreah
Tassin
Samaia
Dixime
Benty
Kambia
Pamala
Morebaia
Quicham
Mahela
Siera Leone
Mt Timbi
Sources du Niger ?
Faliko. R.
Timbi. R.
Dioliba ou Niger
Mungo. R.
Petite Scarcies
Roquelle. R.
Kaba. R.
Gde Scarcies
Pte Scarcies
Mellacorée. R.
Forecariah. R.
Tameh. R.
Roquelle. R.
Foutah Condji
Kilés
Ba Inf. F.
Gde Scarcies. F.
Cola. R.
Lolo
Echelle du 1/1.500.000.
0   15   130ᵉ
15 10 5
A. Fernique sc.
CHARLES BAYLE, Éditeur de la Géographie
RF

3° La Tannah, affluent de droite de la Mellacorée, qui, par des canaux intérieurs, déverse une partie de ses eaux dans la Forecariah.

4° La Mellacorée, avec ses tributaires de gauche, les rivières du Samoh et de Maurecaniah.

5° La crique ou rivière de Mahéla, à l'est de laquelle se trouve la frontière anglaise.

Toutes ces rivières subissent l'influence de la marée, qui se fait sentir assez loin dans l'intérieur.

CHAPITRE II

Langues. — La langue communément parlée dans les Rivières du Sud est le zuzu, langue monosyllabique dérivant du Malinké. Au Rio Nuñez, et dans les parties de nos possessions qui confinent au Foutah-Djallon, la langue foulah est employée presqu'à l'égal du zuzu.

Sur les côtes, le pays des Bagas possède un idiome particulier.

Sur la rive gauche de la basse Mellacorée (pays mandingue) la langue mandingue est parlée plus que le zuzu qui est cependant connu de tous. Dans cette partie de la Colonie, on rencontre beaucoup de gens parlant le timéné. Les relations commerciales quotidiennes qui existent entre les Timénés (rive gauche de la grande Scarcies) en sont la cause.

Races. — La race primitive à laquelle appartiennent toutes les populations des Rivières du Sud est la race Malinké. Autrefois possesseurs de tout le pays depuis la mer jusqu'au bassin du Niger, les Malinkés ont été peu à peu débordés par l'invasion Peulhe qui, partie du Nord-Est de l'Afrique, est venue s'implanter au plateau central. Par des alliances et des croisements, les Peulhs fondèrent l'empire du Foutah et chassèrent jusqu'à la mer les possesseurs du sol qu'ils tinrent sous leur joug pendant de longues années. Il a fallu les traités de cession faits à la France par les Almamys de Timbo, pour que les rois noirs de la côte cessent de payer à leurs suzerains foulahs des redevances annuelles.

Les vaincus, une fois établis à la côte, se sont subdivisés en quatre tribus.

1° Les Nalous, qui habitent la côte depuis le Rio Cassini jusqu'au rio Capatchez.

2° Les Landoumans, habitant les terres, à l'est des premiers, s'étendent le long du Rio Nuñez au-delà de Boké.

3° Les Bagas, sur les bords de la mer du Rio Capatchez au Bramaya.

4° Les Zuzus proprement dits, du Rio Pongo à la rive gauche de la Mellacorée ; à partir de cette limite, la race Mandingue et ses dérivés occupent tout le pays.

Religion. — Sauf les Bagas, qui sont fétichistes, les populations des Rivières professent la religion mahométane. Mais la doctrine du prophète est loin d'être suivie dans toute sa pureté, et la piété des fidèles est plus que tiède. Sauf quelques rares exceptions, les salams (prières) du jour et de la nuit sont ponctuellement omis. Les mosquées servent généralement aux assemblées politiques ou autres. Le jeûne du Rhamadan est la seule grande pratique de l'Islam encore un peu en vigueur ; et encore, n'est-il observé que pour servir de raison d'être aux réjouissances de toutes sortes que le Coran prescrit à l'apparition de la lune qui clot le Rhamadan. Voilà pour l'observance des rites.

La doctrine est encore plus relâchée. Tous les mahométans de ces contrées sont plus ou moins entachés de fétichisme ; tous portent des gris-gris : ce sont des sachets en cuir ou des bracelets, renfermant des versets du Coran. Ils coûtent fort cher, et sont vendus aux fidèles par les marabouts qui les fabriquent aussi bien contre les accidents, que pour préserver des coups de sabre, des balles, des serpents, du mauvais œil et même des infidélités conjugales.

Dans chaque village, une pierre à forme bizarre, un arbre plus gros ou plus haut que les autres sert de fétiche. A des époques fixes de l'année on lui apporte des provisions de bouche de toutes sortes. Ces provisions déposées le soir doivent avoir disparu le lendemain ; sinon c'est la preuve que le diable du pays est en colère, et qu'il arrivera de grands malheurs qu'il faut conjurer à tout prix.

Dans quelques endroits, au Nuñez, au Labaya, au Bennah, par exemple, les exaltés ne se contentent pas d'observer à leur façon les lois du Coran et d'adorer leurs fétiches. Ils font partie d'une espèce de société secrète et deviennent compagnons Simouns. Cette secte qui a des coutumes très barbares (d'aucuns vont jusqu'à dire que ses adeptes font des sacrifices humains) est très redoutée. Les Simouns, coiffés de têtes d'animaux bizarrement faites, sortent la nuit en poussant des cris sauvages ; ils profitent de la terreur générale pour voler le plus qu'ils peuvent, abuser des femmes qu'ils rencontrent, et faire bombance dans les bois dits sacrés qui leur servent de lieu de réunion.

Telle est la manière dont l'Islamisme est pratiqué dans les Rivières du Sud. Aussi y voit-on rarement les grands marabouts venir du Sénégal ou de l'Algérie pour réchauffer le zèle des fidèles.

De cette tiédeur religieuse, il résulte que les indigènes sont assez disposés à envoyer leurs enfants, non seulement à des écoles laïques, mais même à des écoles religieuses. Le Rio Pongo possède une Mission de Pères du Saint-Esprit qui tiennent avec succès une école catholique très suivie; dans la même rivière et au Bramaya, on trouve une Mission protestante... anglaise.

A Conakry et à Benty, le Gouvernement a fondé des écoles laïques qui fonctionnent très convenablement.

En dehors des écoles européennes, les fils d'une certaine condition suivent les écoles arabes. Mais leur éducation se borne à la lecture du Coran et, pour quelques rares sujets, à la possibilité d'écrire en caractères arabes. Nous disons caractères arabes, car la vraie langue arabe est presque entièrement inconnue, et les lettrés se servent uniquement des caractères de cet idiome pour exprimer les mots zuzus.

Grâce au peu de fanatisme des parents, il sera donc facile de propager chez les enfants la connaissance de la langue française, à l'exclusion de la langue anglaise, qui est parlée par la génération des zuzus alors que depuis vingt-trois ans nous occupons le pays.

Nous souhaitons de tout cœur que l'Alliance française, dont les bienfaits se faisaient sentir dans les Rivières du Sud avant leur séparation du Sénégal, vienne aider tout spécialement la Colonie naissante. C'est le moment ou jamais d'arrêter la diffusion de la langue anglaise dans ce pays; plus tard, les efforts seraient vains.

COMMERCE

Bien qu'on en ait dit, le sol de la côte d'Afrique est loin d'être infertile. Jusqu'à présent, il est vrai, la terre a peu produit; mais la faute en est à la paresse et à l'inconstance des habitants et non à la pauvreté du sol.

Les principaux produits de ces contrées vendus au commerce sont : le café, le caoutchouc, la sésame, la gomme, les amandes de palme, le riz et la noix de kola, aussi bien que les arachides.

Café. — Le rio Nuñez, le nord du rio Pongo et le pays du Labaya (cercle de Dubreka) sont les principaux centres de la production du café; les grains en sont petits, lourds, gris d'aspect. Si la culture coûte peu de soins, la récolte coûte encore moins de peine. A la saison, quand les indigènes descendent pour leurs affaires aux comptoirs de la côte, ils coupent d'ici, de là, le long des chemins, des branches de caféier qu'ils égrènent en route. Aussi le café n'arrive-t-il à la côte que par quantités absolument minimes. Plusieurs essais de culture régulière ont été faits; mais, soit que la patience ait manqué, soit que les résultats premiers n'aient pas répondu aux dépenses faites, on n'est pas arrivé à établir un courant d'affaires suivi et appréciable sur cette denrée.

Caoutchouc. — Le caoutchouc se trouve presque partout. Il est produit par la liane ou l'arbre à caoutchouc qu'on incise : le liquide blanchâtre qui suinte par la coupure est aggloméré par l'indigène, soit en boule directement, soit en lanières roulées ensuite en peloton. Le caoutchouc est exploité par l'indigène sans discernement ni méthode. Uniquement soucieux du gain du moment, le producteur incise les arbres à tort et à travers, sans tenir compte ni de leur âge ni de l'état d'épuisement dans lequel peuvent les laisser des saignées trop abondantes. Il en résulte que dans maints districts, où le caoutchouc donnait en abondance il y a quelques années, la production a diminué de plus de 50 pour 100. Il est fâcheux qu'on ne puisse pas arriver à faire comprendre aux indigènes qu'ils ont tout intérêt à ménager leurs récoltes; mais, jusqu'à présent, tous ceux qui l'ont tenté ont parlé dans le désert.

Le caoutchouc est le produit qui arrive à la côte avec le plus de régularité. C'est le produit riche sous un petit volume; aussi est-ce un des plus recherchés. Les quatre Rivières en exportent une moyenne annuelle de 750.000 kilos. Sa valeur moyenne *actuelle* sur les marchés d'Europe varie de 4 fr. 50 à 2 fr. 50 le kilog. pour les qualités marchandes. Les qualités autres sont invendables ou à peu près. Le marché principal est le marché anglais. Malgré les efforts faits par le commerce de Marseille pour déplacer ce marché à son profit, Liverpool reste le centre des affaires et dispose à son gré de la hausse et de la baisse. La marge de profit laissée au commerçant par ce produit peut être estimée *brut* à 25 ou 30 pour 100. En m'exprimant ainsi, je comprends le bénéfice produit par la différence entre le prix du caoutchouc en Europe et celui des marchandises données en échange, en y comprenant les présents dits de TRAITE.

Au sujet des présents dits de traite, nous profiterons de l'occasion pour exposer les procédés employés pour faire les affaires avec les indigènes.

Quand des porteurs de produits, quel que soit leur nombre, arrivent dans une factorerie, on les loge dans des cases *ad hoc* et on leur donne le présent d'arrivée. Ce premier cadeau se nomme le

Sankiri-ba ou, mot à mot, la pose des sandales. Il se compose le plus souvent de riz, biscuit, sucre, sel et viande, un peu de tabac et quelques pièces d'étoffe. Son importance est basée uniquement sur l'évaluation approximative faite par le traitant de la valeur des produits apportés. C'est uniquement une question de flair et de chance. Ceci fait, a lieu le *dantégué* ou discours d'arrivée. Dans ce dantégué, le *salétigui* (chef de caravane) fait mousser la valeur de ce qu'il apporte; généralement, il augmente de beaucoup les quantités et finit invariablement en demandant *des bons prix*. Le traitant répond en promettant le possible et même l'impossible. L'essentiel pour lui est de garder ses étrangers jusqu'au moment de la pesée des produits; cette opération faite, il est sûr, généralement, de ne pas les voir aller chez ses concurrents; il y aura peut-être des polémiques et des tiraillements sans fin sur le poids ou la qualité des produits ou pour le paiement des marchandises. Mais tout cela finit par s'arranger.

Le dantégué fini, les produits sont présentés à la bascule. Après de nombreux débats, le prix en est arrêté d'un commun accord. Le montant de la transaction exprimé en gourdes (la gourde ou pièce de 5 francs est avec le shilling anglais la seule unité monétaire connue des indigènes) est inscrit par l'employé chargé du pesage sur un bon. C'est ce bon qui présenté à la *boutique* sera échangé contre marchandises au choix de l'indigène.

Au jour de son bon plaisir celui-ci se présente à la boutique et prend paiement. Cette opération est souvent longue et difficile. Quand les négociants ont à faire aux noirs de l'intérieur, Foulahs, Sarakolés, Mandingues, etc., etc., la chose se fait assez facilement. Peu au courant des prix des produits en Europe et de la valeur réelle des marchandises qu'ils prennent en échange, ils se laissent généralement convaincre par de bonnes paroles, et acceptent les yeux fermés les pièces d'étoffe que leur vante le traitant, c'est-à-dire celles qui lui laissent le plus de bénéfices. Les Sarakolés seuls sont peu maniables; du reste, ils viennent généralement chercher de la poudre et des fusils, et la vente de ces articles laisse au commerçant un bénéfice à peu près nul. Mais pour éviter toute discussion pour l'acceptation du prix de ses marchandises, le traitant a eu soin de se faire un allié du saletigui ou chef de caravane. Moyennant un cadeau fait à part et des prix spéciaux, ce dernier se charge de faire entendre raison au commun des mortels.

Si la chose marche à peu près toute seule avec les gens du haut, il y a plus de difficultés avec les Zuzus de la côte. Ces indigènes passent leur vie à faire la navette entre les comptoirs des Rivières et certains villages des confins du Foutah surnommés Coko-dera, ou lieu de marché. Dans ces villages, ils rencontrent des porteurs de produits peu désireux de descendre à la mer, et ils les leur achètent. Cette catégorie de vendeurs aussi au courant de la valeur des produits qu'ils apportent que de celle des marchandises d'échange, sont très difficiles à satisfaire; de plus, ils sont déjà habitués à un certain luxe et ne se contentent pas pour eux-mêmes des étoffes inférieures et à bon marché. Les transactions avec eux ne laissent donc qu'une marge peu appréciable de bénéfices.

Le paiement effectué, l'indigène est prêt à partir, il se présente pour recevoir le cadeau de départ. Ce n'est pas le moins important à donner. Quels que soient les sacrifices auxquels le commerçant ait consenti pour rendre ses clients satisfaits, il aura perdu son temps, sa peine et son argent, si le cadeau de départ ne répond pas aux prévisions de l'indigène. Part-il mécontent, il s'en va le long de la route, se gardant bien de parler du marché avantageux qu'il a fait, mais proclame partout les mauvais procédés dont il se prétend victime. Il *gâtera ainsi le nom* du négociant, et empêchera, par ce fait même, bon nombre de gens d'aller chez lui. Si au contraire le cadeau plait, le noir, aurait-il été étrillé de la belle manière, ne tarira pas d'éloges et de louanges, et engagera tous ceux qu'il rencontrera à aller dans la factorerie où il a traité.

De ces usages absolument invétérés, il résulte que le commerçant qui parfois vend des marchandises à 200 pour 100 de bénéfice brut, n'en a presque plus quand il en a défalqué la valeur des nombreux cadeaux distribués aux indigènes, à leurs femmes, etc., etc.

De cet exposé, il ressort que si le bénéfice brut moyen est de 30 pour 100, il descend aisément à 10 ou à 15 quand il faut en retrancher les frais généraux, les droits de douane, les impôts et le transport en Europe. Ce serait donc une grave erreur de croire qu'on gagne vite le million à la côte d'Afrique. Les temps des mille et une nuits sont passés, et ne reviendront plus.

*
* *

Gomme. — La gomme est produite par l'arbre à gomme. Cet arbre, de la famille des acacias, se trouve en abondance sur les flancs abruptes de la chaîne secondaire qui part de la baie de Sangareah, remonte au nord-ouest d'abord, au nord-est ensuite, en traversant le Fili-condji et le Labaya d'une part, le Sombouya, le Caniah, le Kissi-Kissi, le Bennah de l'autre. Le procédé de récolte est sensiblement le même que pour le caoutchouc. Au mois de janvier ou de février, les propriétaires donnent d'ici de là des coups de sabre dans les troncs d'arbre; la gomme suinte lentement et se

fige en formant boule. La vraie récolte de gomme se fait en avril
au plus tard. Passé ce temps, la gomme devient noire sous l'action
des pluies et n'est plus bonne à grand chose.

La moyenne des exportations annuelles est de 200 tonnes pour
chacun des cercles de la Dubreka et de la Mellacorée. Le prix
marchand de la gommme varie de 0 fr. 60 à 1 franc, suivant les
qualités, et laisse au commerce une assez grande marge de bénéfices. Le riz est la principale marchandise échangée contre la
gomme.

Sésames. — La sésame s'achète dans les quatre Rivières.
Achetée de 200 à 250 fr. la tonne, elle est revendue en Europe de
320 à 360 fr. Sa production semble s'accroître d'une façon sen-
sible. Dans le cercle seul de Mellacorée, l'exportation a décuplé de
1889 à 1890. Les autres cercles ont été aussi très favorisés.

Palmistes. — Les palmistes ou amandes de palme ont un
bon courant d'affaires à Marseille. C'est surtout dans la rivière
anglaise du Sherbro qu'ils sont l'objet de grosses transactions.
Cependant nos Rivières sont loin d'en être totalement dépourvues.
Le rio Nuñez entre autres en rapporte par an une moyenne de
2000 tonnes. Le rio Pongo en fournit 200 tonnes. La Mellacorée, qui
depuis des années n'achetait plus le produit, semble en recevoir
de nouveau des quantités appréciables. La valeur de la tonne en
Europe est de 250 francs environ : elle revient aux négociants à
130 ou 140 francs.

Cuirs. — Les cuirs viennent surtout du Foutah-Djallon. Les
foulahs, grands éleveurs de bétail, en apportent aux comptoirs des
Rivières une moyenne de 1 million de kilos par an. Il y a trois ans,
ce produit était très recherché; mais la crise qui persiste à sévir
sur les marchés d'Amérique, a rendu ce produit inachetable : de
1887 à 1889, il a baissé de 1 fr. 50 à 0 fr. 45 le kilo.

Or. — **Ivoire.** — L'or vient en petite quantité sur la côte : les
Rivières en exportent au maximum une trentaine de kilog. par an.
L'ivoire a un courant d'affaires plus suivi. Mais ces deux produits
sont peu recherchés par le commerce, parce qu'ils ne laissent
presque pas de bénéfices. Les porteurs d'or ou d'ivoire s'en exa-
gèrent beaucoup la valeur et ne vendent qu'à des prix surélevés.
On en arrive à payer l'or 3000 francs le kilog. pour le revendre en
Europe 3100 ou 3200. L'exportation de l'ivoire s'élève au maximum
à 4 tonnes.

Riz et Mil. — Le riz vient en abondance dans les Rivières :

il est l'objet de fortes transactions intérieures, mais ne s'exporte pas : le mil est dans les mêmes conditions.

Noix de kola. — Les Kolas ont un bon courant d'affaires. Tout le monde connaît les propriétés nutritives et excitantes de la noix de kola. Les noirs en sont très friands. Aussi à la saison de la récolte, voit-on les caravanes mandingues et sarakolés descendre dans nos Rivières pour changer exclusivement leurs produits contre le kola. Ces noix achetées sur le pied de 4 ou 500 pour 5 francs, sont vendues jusqu'à 0 fr. 50 pièce dans le centre de l'Afrique. Notre Colonie du Sénégal en reçoit des quantités importantes. L'exportation de ce fruit peut être évaluée à 100 tonnes.

Arachides. — Il y a dix ans les arachides venaient en abondance dans les Rivières du Sud. Les guerres intérieures, le prix inférieur payé par le commerce au producteur ont fait que, jusqu'à l'an dernier, cette culture avait été complètement délaissée. Le rio Nuñez, le rio Pongo, et aussi la Dubreka ont donné l'an dernier quelques milliers de tonnes. La Mellacorée seule, malgré les efforts tentés par le Gouvernement, a fait la sourde oreille. Le commerce tout en regrettant cette culture, ne gémit pas outre mesure sur sa perte ; car les arachides des Rivières du Sud sont petites, pauvres en huile, et donnent énormément de déchet.

Tels sont les produits que les Rivières fournissent à l'exportation. Pour finir ce chapitre commercial, il nous reste à parler des marchandises qui servent à l'échange, et des faits qui nous paraissent la cause déterminante des changements fâcheux survenus depuis une dizaine d'années dans le commerce de cette Colonie.

Les marchandises de traite sont : les étoffes, le tabac, la poudre et les fusils : nous y ajouterons le rhum qui est vendu aux indigènes non mahométans par quantités énormes. En dehors de ces marchandises qui forment le noyau du stock de toute factorerie, nous citerons pour mémoire l'ambre vrai et faux, le corail et l'imitation, les perles en verre soufflé et autres, enfin quelques articles de bimbeloterie et menus objets usuels.

Tabac. — Les tabacs viennent d'Amérique. Ils sont expédiés en feuilles réunies par têtes de cinq ou six, et enfermés dans des tonneaux grossiers appelés boucaux : leur poids est de 1000 kilog. Le tabac coûte environ 1 franc le kilog. : il se revend dans les Rivières soit à raison de 16 à 20 têtes pour 5 francs, soit, au poids, à 1 franc la livre anglaise. Le tabac anglais dit des Indes est peu employé, étant de qualité très inférieure, et les noirs ne le prennent que quand il n'y en a pas d'autres.

Fusils. — Les fusils à pierre sont les plus employés; ils proviennent tous de manufactures spéciales anglaises. Leur prix est de 10 francs à l'achat et de 15 à 17 fr. 50 à la vente.

Poudre. — Les maisons françaises emploient les poudres de Saint-Chamas et celles de Hambourg. Les maisons anglaises s'approvisionnent toutes à ce dernier point. Le prix de revient est de 1 fr. 25 le kilog.; celui de vente, de 2 fr. 50. Les poudres françaises sont préférées par l'acheteur.

Rhum. — Il vient exclusivement de Hambourg; il arrive en dames-jeannes de différentes contenances. Prix d'achat : 0 fr. 70 le gallon de 3 litres trois quarts; prix de vente : 1 fr. 50.

Étoffes. — Les étoffes sont de deux sortes : celles en fil et celles en coton. Elles viennent toutes de Manchester ou de Liverpool. Nous allons les passer sommairement en revue.

Etoffes de coton et de fil.

Le liménéas de Rouen coûte de 1,25 à 1,30 le yard; l'imitation anglaise, 0,70.

Les indiennes, par pièces de 8 à 12 yards, valent de 0 fr. 25 à 0 fr. 30.

Le madapolam (même yardage) vaut 0 fr. 20.

Les articles rayés (stripps et checks) 0 fr. 30.

Les mouchoirs de coton coûtent de 0 fr. 30 à 0 fr. 40 la pièce.

Les guinées ou baft supérieures sont en fil, et proviennent exclusivement de Belgique : en pièces de 6 à 16 yards, elles coûtent 0 fr. 60 le yard.

Les guinées inférieures viennent d'Angleterre, au prix de 0 fr. 25.

Le coton américain est l'étoffe qui a le plus d'écoulement : il vaut 0 fr. 20 le yard environ, et est fourni par pièces de 8 yards à 40 yards.

Tous ces articles sont vendus au moins 100 pour 100 au-dessus du premier prix de coût.

Divers. — Les verroteries, ambres, coraux et imitations viennent d'Angleterre.

Ce simple exposé montre clairement que, sauf pour le liménéas qui, vu son prix, se vend peu et une certaine quantité de poudre, toutes les marchandises arrivant dans les Rivières du Sud sont fournies par l'Angleterre, l'Amérique ou l'Allemagne. Or, bon an mal an, il arrive d'Europe dans les quatre Rivières environ 6 millions de francs de marchandises. C'est donc le commerce étranger qui profite exclusivement du bénéfice réalisé dans la Colonie française par l'importation des marchandises nécessaires à son commerce.

Cet état de choses n'est pas sans avoir attiré depuis longtemps l'attention. En toute sincérité, la faute ne peut pas en être imputée aux négociants des Rivières du Sud. Depuis de longues années, les maisons de commerce y sont les mêmes et peuvent se compter ainsi :

La Compagnie de la côte occidentale d'Afrique, avec des comptoirs et des factoreries dans chaque rivière.

La maison Blanchard au Nuñez.

La maison Esquirion, au Nuñez et à Conakry.

La petite factorerie de M. Isidore Maillat, à Conakry.

Enfin, la Compagnie Flers, en formation depuis quelques mois et dont nous ne parlons que pour mémoire.

Voilà donc un total de cinq maisons françaises.

En revanche, les maisons étrangères sont :

Fisher et Randall, dans toutes les Rivières.

Pickering et Berthoud, en Mellacorée et au Rio-Pongo.

Patterson et Zochoonis, en Mellacorée, Dubreka et Rio-Pongo : ces trois maisons, anglaises.

La maison allemande Colin et Cie ayant son centre à Conakry, avec plus de vingt traitants aux Dubreka, Bramayah et Sombouya. Ajoutons-y, dans le Rio Pongo et surtout dans le Nuñez, les maisons anglaises de second ordre tels que Betts, Broadhurst, etc., etc., et une multitude de petits traitants Sierra-Léonais.

Tous ces étrangers luttent avec acharnement contre les maisons françaises, l'ennemi commun ; et par leur nombre elles imposent la marchandise anglaise.

Les négociants français ont essayé d'importer des marchandises de notre fabrication. Mais, malgré leurs efforts répétés, malgré des offres de commande du montant de 1 million de francs, ils n'ont pu réussir à obtenir de nos Fabriques des étoffes du genre de celles dont les manufacturiers anglais inondent nos Rivières.

Ils se sont invariablement heurtés à des fins de non recevoir telles que celles-ci : Nous ne faisons pas cet article ; ou : ces dessins n'entrent pas dans nos façons de faire ; ou encore : nous ne consentirons jamais à faire pareille camelote !

Ce mauvais vouloir évident, cette volonté bien arrêtée du fabricant d'imposer aux clients ses dessins, ses qualités, son métrage et jusqu'à son goût ne se sont pas produits seulement dans notre Colonie. Pareil cas a déjà eu lieu en Indo-Chine, il y a quelques années ; et les fabricants allemands et belges avaient jeté sur les marchés du Tong-King et de l'Annam des produits inférieurs, il est vrai, mais exclusivement faits au goût de l'acheteur. Devant la situation, les fabricants de tissus français ont changé de manière de faire et ont repris, peu à peu, leur place légitime sur les marchés de l'Indo-Chine.

L'infériorité du commerce français est manifeste dans les Rivières du Sud. Malgré tout et de guerre lasse, les commerçants français ont cédé, forcés qu'ils étaient de faire des affaires. Et voilà comment il se fait que dans une Colonie française, voisine et concurrente d'une colonie anglaise, on ne vend que des marchandises de manufacture anglaise. Il y a deux ans, la maison Deville, de la rue du Sentier (Paris), envoyait des cartes d'échantillons d'étoffes destinées à la côte d'Afrique. Tout était du meilleur goût, d'excellente qualité; mais le prix était de 100 pour 100 trop élevé, au moins. Il faudrait que les rares fabricants français désireux de *faire* nos possessions africaines ne perdent pas de vue un seul instant que l'article pouvant seul être vendu est celui que le noir obtient en grande quantité, pour peu d'argent. Nous comprenons très bien que certains commerçants tiennent à conserver leur vieille réputation de maisons faisant beau et bien; mais nous estimons qu'il ne faut pas pousser trop loin ce sentiment, et qu'il serait bon d'entrer en compétition de bon marché avec les maisons rivales étrangères. Et ce faisant, les manufacturiers, tout en n'y perdant pas, feraient acte de patriotisme et aussi de sage prévoyance pour un avenir que la concurrence étrangère escompte déjà à son profit, au détriment de nos intérêts nationaux.

Du reste, sans vouloir entrer dans des questions que ne comportent pas ces quelques réflexions, nous croyons pouvoir dire que, pour faire faire un pas sérieux à cette question si importante, le premier moyen à employer serait de frapper de certaines surtaxes les marchandises de provenance étrangère. Le Gouvernement donnerait ainsi au commerce français un gage efficace de sa protection, et peut-être cette mesure donnerait-elle le signal d'essais nouveaux et plus fructueux.

* *

Depuis quelques années, les commerçants, tant français qu'étrangers, se plaignent, avec juste raison, de la stagnation et de la difficulté des affaires. Plusieurs d'entre eux, pour ne pas dire presque tous, ont des tendances manifestes à en attribuer la faute au Gouvernement du Sénégal, qui, longtemps, grâce au mauvais vouloir de son Conseil général, s'est occupé peu ou point des Rivières du Sud. Tout en reconnaissant que les Rivières n'ont pas été précisément gâtées par l'assemblée locale de Saint-Louis, nous dirons cependant que le reproche ne nous semble pas juste.

S'il est vrai que l'oubli dans lequel les Rivières ont été laissées de parti pris a eu pour effet de ne pas résoudre certaines questions commerciales; s'il est encore vrai que des difficultés de politique intérieure aient surgi ou n'aient pu être dénouées, il n'en est pas moins vrai aussi que si le commerce n'est plus aussi actif et surtout aussi productif que par le passé, c'est à eux seuls que les négociants doivent s'en prendre.

Il y a dix ans, en effet, les produits valaient, en Europe, un prix bien supérieur à celui auquel on les achète aujourd'hui : les étoffes vendues trois ou quatre fois au-dessus du prix de revient étaient prises par l'indigène sans récriminations. Mais les choses n'ont pas duré. Les produits ayant baissé, le négociant a suivi les cours : de là mécontentement du producteur et première cause d'arrêt dans la traite. Qu'arriva-t-il alors? Poussé par le désir de faire des produits quand même, désir qui, hélas! anime trop souvent les agents des maisons de commerce à la Côte, un négociant quelconque a baissé de quelques centimes le prix de ses marchandises. De suite, la clientèle a de nouveau afflué chez lui. L'exemple était donné ; de là l'amour-propre et la concurrence aidant, les marchandises baissèrent rapidement. Dès lors, le pli était pris ; l'indigène s'habitua vite à ces concessions du commerçant; persuadés que, malgré la baisse de prix, on laissait quand même au traitant de beaux bénéfices, les noirs s'exagérèrent la valeur de leurs produits. Par des promesses adroites, faites secrètement dans chaque comptoir, ils firent miroiter aux yeux des agents la perspective séduisante d'avoir le monopole de la traite à l'exclusion des maisons rivales de la même Rivière, et, par ce manège, arrivèrent à se faire payer les produits souvent plus cher que le cours et à se faire donner les marchandises à des prix dérisoires.

Puis un jour la crise s'accentuant sur les produits, les commerçants ne purent plus compenser la perte de bénéfices subie sur la vente des marchandises, par celui fait sur le produit en Europe. Dès lors, comme on dit vulgairement, la chandelle fut brûlée par les deux bouts et les traitants restèrent pieds et poings liés aux mains des indigènes.

C'est parce que les commerçants n'ont pas su prévoir la baisse des produits en Europe, parce qu'ils ont cru éternelle la période de la fortune rapide et à volonté, et surtout parce qu'ils ont été amenés, par un amour-propre mal compris, à se faire les uns aux autres une concurrence sans frein dont eux seuls faisaient les frais à la grande satisfaction des indigènes : c'est uniquement pour ces motifs que le commerce a perdu tout ce qu'il a perdu.

La conséquence fâcheuse de cet état de choses a été la démoralisation des noirs. On s'est évertué pour l'attirer à la boutique, à chercher des choses nouvelles; on lui a donné des goûts et des besoins de luxe; de plus, ayant été habitué à avoir beaucoup de marchandises pour peu de produits, il a perdu l'amour du travail et du labeur. Actuellement le noir de peu et le captif sont seuls à travailler la terre. Les autres, avec des vêtements fins, des bas, des souliers à l'européenne, et abrités sous des parapluies de soie, se contentent d'aller deux ou trois fois par an chercher des produits dans le haut pays; ils passent le reste de leur temps à se chauffer au soleil, et, malheureusement, surtout à faire de la politique. Pendant ce temps, l'agriculture est délaissée, les broussailles poussent, et quand arrivera le jour où les produits de la côte d'Afrique, supplantés par d'autres plus riches, venus d'ailleurs, seront exclus du marché, ce jour-là trouvera une population veule et lourde, n'ayant plus ni courage ni volonté pour reprendre les anciennes cultures ou en commencer de nouvelles.

Le moyen, le seul et unique moyen d'enrayer ce mouvement, serait l'entente parfaite et loyale entre les maisons de commerce, qui, d'un seul coup, ramèneraient marchandises et produits aux cours normaux. Mais le voisinage de Sierra-Leone est encore un obstacle à cette combinaison. Aussi n'y faut-il pas penser, et vaut-il mieux, par une lente et sage gestion, essayer de maintenir les choses dans le statu quo. Depuis deux ans la descente des produits se fait plus dense et plus riche que les années écoulées. C'est aux commerçants à en profiter.

Des considérations précédentes il ne faut pas conclure au pire. Telle qu'elle est, la situation commerciale des Rivières est satisfaisante et si les bénéfices sont loin d'approcher de ceux des anciens jours, ils permettent cependant d'attendre patiemment la venue d'une ère plus brillante.

Si nous avons insisté sur la partie sombre du tableau, c'est que nous avons pensé qu'il valait mieux mettre en relief les revers de la médaille que de leurrer de promesses vaines ou mensongères.

CHAPITRE III

Le 17 août 1845 le lieutenant de vaisseau Laffon-Ladébat, commandant l'aviso *la Mésange*, signait avec More-Laye, roi de Maleguia et chef de la Rivière Mellacorée, une convention amicale par laquelle celui-ci s'engageait à ne jamais céder aucune partie des terri-

toires placés sous sa souveraineté, sans le consentement du Gouvernement de la France. Les autres articles de la convention
réglaient les tarifs des droits d'ancrage et stipulaient la protection
à donner par le roi aux commerçants et sujets français.

C'est, sauf erreur, le premier article officiel passé entre le Gouvernement de la France et les chefs indigènes de la Mellacorée.

Le 14 avril 1856, le commandant de l'aviso l'*Euphrate*, M. La-
porterie, signait avec Ansoumané-Sanessi, roi de Maleguia, une
nouvelle convention dans le but : « *d'arrêter d'une manière fixe
et équitable les prérogatives du pouvoir local, de même que les
garanties et la protection, les immunités et les droits qui seront à
l'avenir accordés aux négociants, traitants, capitaines, marins et
autres citoyens français que leurs affaires ou autres nécessités
pourront appeler dans la rivière de la Mellacorée.* »

Enfin, le 22 novembre 1865, M. le gouverneur du Sénégal, Pinet-
Laprade, envoyait dans la Mellacorée M. Requin, commandant
l'aviso le *Castor*. Cet officier, au nom de la France, signait avec
Malegui-Touré, roi du Moréah, comprenant la Mellacorée, la
Tannah, le Beréire et le Forecariah, un traité par lequel le roi
plaçait sa personne et ses sujets sous la suzeraineté et le protectorat
de la France. Par le même traité, Malegui-Touré était reconnu seul
chef du Moréah.

Le 30 décembre 1866, le vice-consul de France à Sierra-Leone,
M. Serarez, passait le même traité avec Bokary, successeur de
Malegui-Touré.

Cette dernière convention nous donnait le droit d'occuper la Mellacorée. Aussi, en janvier 1867, le gouverneur Pinet-Laprade envoyait à Benty le capitaine de génie Poutot qui y plantait notre pavillon et commençait la construction d'une enceinte et d'un blockhaus
sur un terrain payé 500 francs à Yambé-Lamina chef du pays.

En voyant notre établissement à Benty, le gouvernement de Sierra-
Leone crut devoir protester. Il le fit de la façon suivante. Almamy
Bokary roi du Moréah, et Sulimani chef du Sombouya furent appelés
à Sierra-Leone, et y signèrent un document qu'ils furent censés
avoir composé et envoyé de leur propre mouvement au gouverneur
anglais. En voici le résumé. Nous ne reproduirons pas ici la traduction du document entier, nous nous contenterons de donner celle des
considérants, du titre, du préambule, des articles V et VI du traité de
1826.

Bokary et Sulimani prévenaient tous ceux que la chose pouvait
concerner que :

« *En conséquence des intrigues incessantes tramées dans le
Moréah, par certains étrangers et des personnes mal disposées, ils*

croyaient devoir rappeler et donner toute publicité aux articles du traité conclu le 18 avril 1826, entre le gouverneur Macaulay représentant Sa Majesté Britannique d'une part, et Almamy Oumarou, Almamy Dalla Modou et le chef Sankie-Brahima de l'autre, et cette publication, dans le but d'enlever toute excuse à ceux qui argueraient de leur ignorance sur les points actuellement portés à leur connaissance. »

TRAITÉ *(traduction littérale)*.

Titre. — Traité entre son Honneur Kenneth Macaulay, gouverneur par intérim des Etablissements de Sierra-Leone et dépendances, au nom de Sa Majesté britannique et les chefs des zuzus du Sombouya avec leurs alliés, la famille des Touré.

Préambule. — La famille des Touré, à laquelle appartient le droit au trône du pays mandingue (appelé maintenant Moréah) et les chefs notables des zuzus du Sombouya, anxieux de mettre fin à la guerre qui se fait depuis douze ans entre Oumarou, chef actuel du Moréah, et les zuzus du Sombouya, désireux de resserrer encore les liens d'amitié qui existent entre eux et la colonie de Sierra-Leone, ont députe dans ce but les chefs du Sombouya, Dallo-Mahmadou et Sankie Brahima, et la famille des Touré Oumarou, son chef, auprès du gouverneur Kenneth qui, au nom de Sa Majesté britannique, s'associe à un aussi désirable projet.

Les parties susnommées ont accepté ce qui suit :

Suivent les articles 1, 2, 3, 4.

ARTICLE 5. — Dans le but de rendre plus efficaces ces stipulations, les dits chefs du Sombouya et la famille Touré donnent, concèdent et abandonnent à son Honneur le gouverneur de Sierra-Leone et à ses successeurs, pour et au nom de Sa Majesté le roi du Royaume-Uni de la Grande-Bretagne et d'Irlande et ses successeurs, la souveraineté complète, entière, libre et sans limites, leurs droits, titres et possession dans et sur les mers, rivières, ports, criques, anses et eaux de leurs territoires respectifs : depuis Contah (la ville où est établie la factorerie de M. Rosembush) au sud, à Feringha (Rio-Pongo) au nord ; et aussi sur un mille dans les terres le long des rivages.

ARTICLE 6. — Comme il devient nécessaire pour la traite sur les côtes que l'île de Matacong devienne neutre et escale libre pour les embarcations et les canots appartenant aux tribus environnantes, quelles que soient les guerres qui puissent exister entre elles, les

chefs du Sombouya possesseurs de l'île, ont requis Son Honneur le
gouverneur d'en accepter la cession, et lui concèdent, abandonnent et transfèrent pour toujours, à lui et à ses successeurs, pour et
au nom de Sa Majesté le roi d'Angleterre et d'Irlande, la souveraineté libre, entière, illimitée, leurs droits, titres et possession sur la
dite île de Matacong et toutes les rivières, baies, criques, ports et
eaux de la dite île.

Les conclusions étaient que : *les signataires, comme successeurs
des chefs du Sombouya et de la famille Touré qui ont fait le
dit traité, le confirmaient en affirmant que toutes les eaux, criques, etc., etc., du Sombouya et du Moreah sont aujourd'hui
comme elles étaient avant et comme elles doivent rester pour toujours, sous la domination du roi régnant d'Angleterre et d'Irlande,
jusqu'au jour où, par un document formel et de même force que
le traité original, ils jugeraient convenable de revenir sur leurs
décisions.*

« *Fait à Forecariah, capitale du Moreah, le 16 septembre 1867.* »

Signé : Boccary, Almamy du Moreah,
Sulimani, Almamy du Sombouya.

Cette manière de protestation n'émut point le Gouvernement
français, car le document en question n'avait aucune valeur, au
moins pour ce qui regardait le Moréah. La preuve en est double.
Nous la trouvons : 1° dans l'histoire intérieure de la Mellacorée:
2° dans la lecture même du dit document.

1° Quand la guerre entre le Sombouya et le Moreah éclata en 1815
environ, l'Almany du Moréah Yambézitafa venait de mourir. On eut
donc autre chose à faire que de procéder aux cérémonies pom-
peuses et surtout très longues de l'élection et du couronnement
d'un nouvel Almamy. Il est certain que, même à cette époque, le
choix des chefs ne devait pas être douteux, et qu'il ne pouvait se
porter que sur Oumarou, auquel ses qualités guerrières et son
influence avaient donné le premier rang sans conteste dans la
famille des Touré.

Mais il n'en est pas moins vrai qu'au début de la guerre il n'était
pas roi et n'en avait pas le pouvoir légal, reconnu. En 1826, avec
l'intervention du gouvernement de Sierra-Leone qui comptait bien
y trouver son compte en se faisant payer cher sa médiation, et
grâce surtout à l'état d'épuisement et de ruine des belligérants, la
paix fut conclue entre les deux partis.

Ce n'est qu'après la conclusion définitive de cette paix qu'en
récompense de ses services les chefs du Moréah acclamèrent Oumarou roi du Moréah et le couronnèrent.

Oumarou n'a donc pas signé le traité du 18 avril 1826 comme roi, mais simplement comme notable. Il n'avait donc aucun droit d'aliéner au profit du gouvernement britannique une partie d'un territoire qui, à aucun titre, ne relevait de son autorité.

2° Soit dans le titre et le préambule du traité, soit dans les articles 5 et 6, les signataires sont désignés — *Almamy*, — pour le roi du Sombouya, et seulement, — *Oumarou, chef de la famille des Touré*, — ou encore, — *la famille des Touré qui possède le droit au trône du Moréah et dont Oumarou est l'homme principal.* Mais jamais, ni dans le corps du traité, ni dans les signatures elles-mêmes, il n'est fait mention du titre de roi ou même du titre de almamy ou chef de villages pour Oumarou. Il est traité sur le même pied que Sankie-Brahima, chef guerrier du Sombouya et sa signature n'est apposée qu'en seconde ligne à la suite de celle d'Almamy Dalla-Modou qui est en vedette.

Nous ajouterons de plus, que, tout en reconnaissant les droits qu'avait le roi du Sombouya de céder au gouvernement britannique certaines parties de son territoire (moins Matacong qui, de tout temps, a appartenu au Bereire, vassal du Moréah), nous n'hésitons pas à taxer de tour d'escamotage, la cession faite par le dit roi des terrains situés du Sombouya à Feringha (Rio-Pongo). Ces pays n'ont jamais appartenu au Sombouya, et le roi d'alors disposait libéralement, en faveur de Sa Majesté Georges IV, d'un bien qu'il faisait sien pour la circonstance. En agissant ainsi et en acceptant comme authentique une cession qu'ils savaient pertinemment être sans valeur aucune, les diplomates de Free-Bowy avaient en vue les besoins de l'avenir, et espéraient pouvoir donner le change au gouvernement européen qui pourrait venir plus tard créer des établissements sur cette partie de la côte.

Quant au Sombouya, nous le répétons, la cession était valable et, jusqu'à la convention de 1882, le Gouvernement français n'a jamais fait une démarche quelconque tendant à détacher le Sombouya des intérêts anglais.

Tel fut le début des relations entre les deux gouvernements au sujet de la Mellacorée.

Le gouverneur Kennedy ne se déconcerta pas pour cet échec, et, ne pouvant aborder de front la position, il essaya de la tourner en s'immisçant dans la politique intérieure indigène.

Notre installation datant de peu, et les noirs connaissant Sierra-Leone de longue date, la médiation du gouverneur anglais devait être acceptée facilement par les indigènes peu au courant des usages diplomatiques. Ils devaient accepter d'autant mieux cette médiation que, dans l'idée de sir Kennedy, elle devait se faire avec le concours du Gouvernement français lui-même. Le gouvernement britannique pensait ainsi conserver, sur notre territoire, une position qu'il se réservait plus tard d'améliorer jusqu'au jour où il se serait substitué à nous. Heureusement, la mèche fut éventée, et à peine le premier voyage du gouverneur Kennedy en Mellacorée et dans la rivière Forecariah eût-il été fait, qu'une canonnière française venait séjourner dans la rivière et bien marquer nos droits et notre volonté de les faire respecter. C'est un peu après ce voyage, en avril 1870, que le gouvernement anglais proposa à la France la cession de la Gambie contre la Mellacorée. Le traité devait se faire à brève échéance. Mais les événements de la guerre franco-allemande coupèrent court aux négociations. Cette démarche du Foreign-Office montre à quel point notre présence en Mellacorée gênait la colonie de Sierra-Leone, et faisait pressentir de quels efforts était susceptible le gouvernement de la reine pour nous amener à abandonner cette rivière. Deux ans plus tard, en février 1871, le même gouverneur se rendait à Contah, et rencontrait au mouillage de Benty l'aviso *l'Archimède*. Son voyage, dit-il au commandant de la Mellacorée, avait pour but de régler certaines questions de territoire entre les gens de Malegniah et de Maurecaniah. Du reste, à la réunion qui eut lieu à ce sujet, en présence du commandant français, sir Kennedy terminait ainsi son discours :

« *Au nom du gouvernement français représenté par le commandant de Benty, et au nom du gouvernement anglais que je représente, agissant pour le bien, la tranquillité et la prospérité du pays, nous vous ordonnons d'évacuer, dans le délai de trois jours, les terrains que vous détenez injustement.* »

Comme on le voit, le coup était bien porté, et après une pareille mise en scène, notre influence devait diminuer aux yeux des indigènes au grand avantage de l'influence anglaise.

Cette tentative fut encore déjouée. M. le commandant Seignac, patiemment, doucement, mais fermement, détruisit l'effet produit. Aussi, à la fin de cette même année, constatait-il avec plaisir le doublement de notre commerce.

En février 1873, le gouvernement de Sierra-Leone fit répandre le bruit de la cession des Scarcies et, en 1875, il use de la même manœuvre pour la Mellacorée; à la même date arrivait à Sierra-Leone le gouverneur Row sur lequel on comptait beaucoup pour l'annexion des Rivières au nord de Sierra-Leone : nous avions bien des traités qui plaçaient sous notre protectorat les rivières Mellacorée, Tannah, Bereire et Forecariah; mais, se basant sur le manque de réelle prise de possession de ces territoires, sir Samuel Row cherchait un biais. En effet, en avril, notre consul à Sierra-

Leone prévenait le commandant de Benty que les Anglais voulaient étendre leur annexion jusqu'à Kacoutlaye et y établir une douane, et qu'une circulaire adressée au corps consulaire, mais aussitôt redemandée aux destinataires sous prétexte d'erreur, annonçait l'intention du gouverneur de Sierra-Leone de prendre des moyens énergiques pour empêcher la contrebande depuis Contah jusqu'à Feringha.

En réponse à ces agissements nous établissions le 15 juillet un poste militaire à Kacoutlaye et faisions reconnaître par le roi du Samoh, la cession de Benty à la France. Peu satisfait de la réponse, sir Samuel Row, faisait répandre le bruit qu'il devait venir reprendre avec ses vaisseaux Benty et Kacoutlaye, et punir les indigènes coupables d'avoir refusé et méconnu la suprématie anglaise : de plus, en décembre, il se rendait à Yankissa résidence du roi du Moréah, pour essayer de le rattacher aux intérêts anglais. Ces tentatives furent vaines : et en avril 1878, Yallam Fodé, chef de Phamoreah, se plaçait sous le protectorat de la France. En janvier 1879 nous faisions un traité avec le Maurecaniah, et en avril, nous mettions un poste dans l'île Matacong, et à la pointe Sallatook. En représailles, sir Row, après s'être assuré de visu de l'existence du poste de Matacong partait pour Kakonky petite île à l'embouchure de la grande Scarcies, légitime propriété d'un commerçant français, l'occupait militairement et y plaçait un poste de douane. A la même époque M. le capitaine Chapelet faisait hisser le pavillon français à la pointe Mahéla : en juin il recevait la protestation des chefs des Scarcies contre l'occupation anglaise, accompagnée de l'offre de cession de tout le pays à la France : de plus les mêmes chefs chassaient les traitants Sierra-Leonais établis sur leur territoire. Malheureusement nous ne sûmes pas profiter des circonstances ; le Gouvernement du Sénégal laissa passer l'incident. Aussi quand plus tard la question des Scarcies fut agitée, le gouvernement anglais put-il se targuer du fait accompli et de l'occupation effective, et garda-t-il le cours des deux rivières !

Très désappointé de voir l'influence française grandir chaque jour en Mellacorée, et vexé des échecs de sa politique, M. Row tourna ses efforts vers le nord. En décembre il se rend aux îles de Los, fait appeler les chefs du Morebaiah, Sombouya, Dubreka, et essaye, mais en vain de négocier avec eux. Cette démarche mettait en évidence la puérilité du traité de 1826 qu'on avait essayé de nous opposer quelques années auparavant, et montrait combien étaient peu fondées les prétentions anglaises sur des pays, desquels, malgré le fameux traité, le gouvernement britannique se voyait encore une fois rejeté.

Aussi voyant notre position inattaquable, et comprenant combien peu était goûté par les indigènes le bienfait du protectorat anglais, sir Samuel Row se décida à commencer cette campagne occulte et toute d'expédients plus ou moins avouables, qu'il mena si longtemps contre notre influence.

En janvier 1880, dans le but de gêner le commerce de Matacong, il exige à bord de tout navire allant de Sierra-Leone à cette île, la présence d'un douanier anglais. La seule maison établie à Matacong est une maison anglaise de Manchester : peu lui importe l'illégalité du procédé et les récriminations répétées de la maison Fisher et Randall ; il croit gêner Matacong, territoire français, et cela lui suffit. Pendant ce temps, notre protectorat s'élargit. En avril, le roi de l'île Kaback signe le traité qui le place sous notre suzeraineté ; par contre, en mai, le gouverneur Row envoie son yacht à Kakonky chercher Bokary, roi du Moréah, chassé par ses sujets et rebelle à notre influence, et lui fait rendre par les troupes, à Sierra-Leone, les honneurs royaux.

A ce sujet, il est nécessaire d'ouvrir une parenthèse qui permettra au lecteur de comprendre pourquoi Bokary était à Kakonky et de quelles nouvelles menées contre nous sa visite à Sierra-Leone devait être le signal.

On se souvient que, par le traité de 1866, qui plaçait l'almamy Bokary sous le protectorat de la France, nous l'avions reconnu comme roi légitime du Moréah. Or, par des exactions nombreuses, par une trop grande raideur dans l'exercice du pouvoir royal, il s'était aliéné les sympathies de la majorité de ses sujets. Un parti puissant se forma contre lui et, dans les débuts de cette lutte intestine, nous soutînmes la cause de l'almamy contre ses sujets rebelles. Mais, bientôt les plaintes succédèrent aux plaintes, les exactions aux exactions, et Bokary ne craignit pas, à plusieurs reprises, de prendre des arrêtés illégaux, fixant le prix d'achat et de vente des produits et des marchandises, et de fermer les factoreries des commerçants qui refusaient de se soumettre à des ordres absolument contraires aux traités qui liaient Bokary à la France. Ces mesures n'avaient pour but que d'amener les négociants à ouvrir leurs caisses à Bokary. De plus, les relations de l'almamy avec nous, de correctes qu'elles avaient été, devinrent louches, et on acquit bientôt la preuve de son peu de fidélité à la foi jurée. Sentant le terrain lui manquer, Bokary quitta le Moréah et entra dans les Scarcies. C'est là, comme nous le disions plus haut, que le yacht du gouverneur de Sierra-Leone vint le chercher, en mai 1880, pour le conduire à Sierra-Leone.

La conduite de Bokary donnait à sir Samuel Row un moyen aisé de contrecarrer notre politique et de nuire aux intérêts de la Mel-lacorée. Il se posa en champion du roi fugitif et en défenseur de sa cause contre ses sujets rebelles. De là, à l'aide effectif, il n'y avait qu'un pas. Ce pas fut franchi, et quand, après avoir été reçu en souverain, Bokary quitta Sierra-Leone, il emportait, avec des promesses, des provisions de riz, de fusils, de poudre, de riches cadeaux et de l'argent destiné à lever des bandes Timénés qui, par les armes, le feraient rentrer en possession de son trône, duquel ses sujets rebelles et le gouvernement de la France avaient eu l'audace de le faire descendre.

Ces agissements peu corrects de Samuel Row engageaient gravement sa responsabilité. On s'est longtemps demandé à cette époque, dans les cercles compétents, si le gouverneur anglais avait agi de son propre mouvement ou d'après des ordres fermes du gouvernement de la reine. L'invasion de la Mellacorée par des gens placés sous le protectorat anglais, invasion qui, n'ayant eu lieu que plus tard, n'en fut pas moins décidée et préparée dans cette entrevue, constituait un fait tellement grave qu'on hésite à croire à l'immixtion directe du gouvernement de Londres dans cette affaire. On préféra croire, à cette époque, que, poussé par sa haine bien connue contre les Rivières du Sud, sir Samuel Row s'était engagé dans cette affaire sans en référer à son gouvernement, dans l'espoir que, si le succès venait couronner sa tentative, on ne lui demanderait pas compte des moyens employés.

Quoiqu'il en soit, malgré les efforts de notre consul à Sierra-Leone et du commandant de la Mellacorée, on ne put acquérir une preuve matérielle et palpable de l'envoi des armes et du riz à Bokary. L'action diplomatique ne put donc intervenir, et bien que la conviction générale fut faite sur la matière, nous ne pûmes que laisser aller les choses.

Mais, tout en surveillant les tripotages malhonnêtes de Bokary et de son protecteur, nous continuions notre œuvre d'extension, et, le 20 juin, M. le capitaine Chapelet signait avec les chefs de la rivière Dubréka un traité qui les plaçait sous le protectorat de la France. Par le fait même, nous occupions Conakry.

En 1882, les Timénés, soutiens de Bokary, brûlent Phamoreah, Taibé, Forecariah, Berika et Kiteren, toutes villes du Moréah, en ayant bien soin d'épargner toutes les maisons des traitants anglais et le criant par-dessus les toits : les archives de l'époque ne laissent aucun doute à cet égard et apportent même le témoignage des traitants de Sierra-Leone établis dans le Cercle de la Mellacorée.

L'installation du poste français à Matacong avait soulevé en son temps les protestations du cabinet de Saint-James, qui prétendait voir dans cette île une possession anglaise. L'affaire était en suspens entre les deux Gouvernements. La guerre Timéné de 1882, arrivant sur ces entrefaites, amena de la part de la France une demande d'explications. Bref, pour régler tous différents, on se décida à réunir une Commission destinée à délimiter la frontière des deux Colonies pour éviter tout ennui pour l'avenir. C'est ainsi que fut faite la convention du 28 juin 1882. Cette convention contenait sept articles dont les principaux étaient :

ARTICLE PREMIER. — *La ligne de démarcation entre les territoires occupés ou revendiqués par la France et l'Angleterre, au nord de Sierra-Leone, sur la côte occidentale d'Afrique, sera tracée entre les bassins des rivières Mellacorée et Grande-Scarcies. La position exacte de ladite ligne de démarcation sera déterminée par une enquête faite sur les lieux par des commissions à nommer à cet effet.*

Cependant ladite ligne de démarcation sera tracée de façon à laisser à la France le contrôle complet de la Mellacorée, et à la Grande-Bretagne le contrôle complet des rivières Scarcies. Le point Mahéla et le comptoir de ce nom, ainsi que les communications par les eaux adjacentes, appartiendront à la nation à laquelle, d'après ladite enquête, la possession en aura été reconnue nécessaire pour le contrôle de la rivière Mellacorée ou des rivières Scarcies, suivant le cas. S'il était constaté que la communication par eau à Mahéla s'ouvre aussi bien sur la rivière Mellacorée que sur les rivières Scarcies, ladite ligne de démarcation partira sur la côte du milieu du cours d'eau qui se jette sur la côte à Mahéla et sera continuée de manière à attribuer à la France la communication avec la rivière Mellacorée, et à la Grande-Bretagne la communication avec les Scarcies.

ARTICLE 2. — *L'île de Matacong et toutes les îles revendiquées ou possédées par la France sur la côte occidentale d'Afrique, au nord de ladite ligne de démarcation, jusqu'au Rio-Nuñez, seront reconnues par la Grande-Bretagne comme appartenant à la France, à l'exception des îles de Los, lesquelles continuent d'appartenir à la Grande-Bretagne, et l'île de Yellaboyah et toutes les îles revendiquées ou possédées par la Grande-Bretagne et situées au sud de ladite ligne de démarcation jusqu'à la limite méridionale de la colonie britannique, seront reconnues par la France comme appartenant à la Grande-Bretagne.*

Les articles 3 et 4 contenaient *l'engagement réciproque par les deux puissances de s'abstenir d'exercer ou de favoriser l'exercice de leur influence sur les pays au nord et au sud de la ligne de démarcation.*

Les deux autres articles avaient trait à la situation faite dans chaque colonie aux citoyens des puissances signataires, et à la commission de délimitation.

Quels étaient les avantages de ce traité pour la France? nous n'en voyons pas. Le rapporteur de la commission de députés chargés d'examiner la question, M. Dureau de Vaulcomte, terminait ainsi son remarquable rapport :

« *La France a de grands intérêts politiques et commerciaux en Afrique. Et les moindres faits se rattachant à l'état de ses relations avec nos voisins sur ce continent, empruntent à sa situation une importance qu'il n'est pas permis de méconnaître.*

« *Un accord qui aurait pour objet de régler, entre la Grande-Bretagne et la France, des questions litigieuses, et d'écarter toutes causes de conflit entre elles, ne pourrait que contribuer au développement de leur influence et resserrer les liens d'amitié qui les unissent. Mais un tel acte, procédant d'un même désir de conciliation, doit ménager également les intérêts et les droits de chacune des deux puissances; à cette seule condition, il mettra fin aux difficultés du moment et préviendra celles que peut réserver l'avenir.* »

Il n'a pas paru à la Commission que la convention du 28 juin 1882 ait ce caractère et cette portée. Elle attribue à l'Angleterre, sans compensations, sans même qu'il ait été stipulé une indemnité au profit de nos nationaux ruinés, le territoire des Scarcies qui avait toujours été considéré comme français.

En dépit de cette CONCESSION, *il n'est pas un des résultats recherchés par notre Gouvernement qui puisse être considéré comme ayant été réellement atteint à la suite des négociations engagées avec le gouvernement anglais, si ce n'est, toutefois, le droit de propriété attribué aux citoyens français dans les colonies anglaises de la côte d'Afrique* [1].

« *Mais ce point admis, la convention se propose de séparer une fois pour toutes, dit l'exposé des motifs, les possessions respectives de la France et de l'Angleterre sur la côte occidentale d'Afrique. Elle n'y réussit pas puisque les îles de Los situées au milieu des territoires français, continuent d'appartenir à la Grande Bretagne. Elle se propose de délimiter les possessions des deux États; elle n'y réussit pas, puisque la frontière commune reste à établir entre les bassins des deux Rivières. Elle se propose d'écarter pour l'avenir toutes causes de conflit entre les deux nations. Les contestations qui se sont élevées au sujet de l'île Matacong se reprodui-*

---

[1] Ce droit a été retiré en 1884 ou 1885 par un bill de la Reine.

3

raient, les conditions étant, les mêmes au sujet des îles de Los. D'autres conflits peuvent même surgir encore si le droit de ce contrôle complet des Rivières Scarcies donne à l'Angleterre accès dans le Foutah-Djallon et dans le Haut-Niger. Enfin elle implique la reconnaissance par la France de la souveraineté de l'Angleterre sur des territoires qui sont encore revendiqués par la République de Liberia.

« La convention du 28 juin 1882 ne règle pas équitablement les droits respectifs de la France et de l'Angleterre. Elle impose à la France des sacrifices sans compensations. Elle ne remédie à aucun embarras dans le présent; elle en prépare pour l'avenir.

La Commission demande à la Chambre de ne pas voter le projet de loi qui vous est présenté par le Gouvernement. » (7 février 1884.)

La chose resta en suspens à la Chambre des députés. Nous verrons plus tard la politique suivie par le gouverneur de Sierra-Leone à cette occasion. Quoiqu'il en soit, aussitôt, le traité signé sans attendre la ratification, avait de suite force de loi dans la colonie de Sierra-Leone. Sir Row avait lieu d'être satisfait; son rêve était réalisé en partie.

Depuis longtemps en effet son attention s'était portée vers l'Afrique centrale; et dès lors sentant que c'était dans le haut bassin du Niger qu'il fallait chercher la richesse future de la côte occidentale; il n'avait rien négligé pour arriver bon premier dans ce pays. En 1872, le docteur Blyden partait de Kakonky (grande Scarcies) remontait jusqu'à Kambia, puis coupant au nord est, traversait la partie septentrionale du Lokko, le sud du Tambarka et de là passant par Pongoya il pénétrait en plein Sulimana à cent kilomètres à peine du Tambali premier gros affluent de gauche du Niger. Dans ce voyage il allait partout propageant l'influence anglaise et ouvrait définitivement au commerce de Sierra-Leone la route de la petite Scarcies. C'est sur les renseignements qu'il fournit que tout le plan de pénétration effective des Anglais fut élevé pour l'avenir. Du reste ils avaient beau jeu pour arriver à leurs fins.

A cette époque la politique française à la côte occidentale d'Afrique était peu ambitieuse. S'établir définitivement sur le bord de la mer depuis la Mellacorée jusqu'aux possessions portugaises, y avoir un courant d'affaires assez suivies pour que les Rivières du Sud apportent au conseil général de Saint-Louis une somme assez rondelette, tel était le maximum d'efforts à faire et de succès à obtenir pour les délaissées du Sud. Mais si tout était pour elles à l'économie et à la routine, il n'en était pas de même pour le Haut Fleuve qui, certaines années, absorbait à lui seul plus que les Rivières du Sud n'ont coûté depuis vingt-trois ans. Une fois butté sur cette idée fixe de la pénétration au Soudan par le Haut Sénégal, on ne pensa plus à autre chose.

On n'eut pas l'idée de songer que de Benty on allait à Siguiri, en trente-trois jours, par des chemins directs et commodes, et que par cette route on arrivait à la vallée du Niger, sûrement, rapidement, en faisant nôtres des pays autrement riches et productifs que ceux qui bordent les rives du fleuve Sénégal, le tout à peu de frais et pacifiquement. On y pensait si peu, à cela, qu'il ne vint à l'idée de personne que nos rivaux, les Anglais, pourraient faire tous leurs efforts pour s'implanter les premiers et pour ouvrir des routes qui, un jour, restreindraient notre action et nous gêneraient considérablement quand le temps serait venu de relier nos postes du Sud à ceux de la vallée du Niger. Cette orientation de notre politique intérieure du Sénégal n'échappa pas au gouvernement de Free-Town; et, sûr d'avoir sa liberté d'allures, au moins pour ce qui nous regardait, il s'empressa de profiter des avantages que lui donnait la convention du 28 juin 1882. Le contrôle complet des Scarcies lui étant acquis, sir Row en profita pour envoyer de nombreux émissaires dans les vallées des deux fleuves. De là, à franchir la ligne de partage des eaux, il n'y avait qu'un pas; et comme à cette époque, Samory nous faisait une guerre acharnée, il était de bonne politique de chercher à entrer en relations avec lui, de façon à pouvoir, le cas échéant, prendre définitivement pied sur la rive droite du Niger, et d'avoir ainsi, au détriment des Rivières françaises, le monopole du commerce de l'intérieur. C'est ainsi qu'en 1884, une ambassade de Samory faisait son entrée à Sierra-Leone et y était reçue avec de grands honneurs. Mais, comme le disait plus tard, le 21 mai 1886, Weckly News de Sierra-Leone : *Tout semblait alors favorable à une alliance entre notre gouvernement et Samory. Malheureusement, nous n'entendîmes plus parler du grand chef africain jusqu'au jour où nous apprîmes qu'il avait traité avec les Français.*

En même temps, sir Row envoyait un chef indigène, Fodè Haraouna, à Segou (juin 1884), avec une lettre de lui pour le roi Ahmadou-Saikou et pour Aguibou, roi du Dinguiray. Cette tentative ne devait pas mieux aboutir que la première.

Devant ces échecs successifs, le gouverneur anglais ne se découragea pas : il tourna de nouveau ses efforts vers les Rivières du Sud. Nous extrayons les faits d'une lettre du consul de France de Sierra-Leone au Ministre des affaires étrangères, en date du 20 avril 1885. Par cette lettre, le consul rendait compte que le gouverneur Row aurait dit que les chefs de la Dubreka, du Sombouya et autres parties des Rivières du Sud du Sénégal l'avaient prié de les prendre sous sa protection. Sir Row aurait répondu d'une manière évasive, sans rien conclure. Mais en même temps, il faisait savoir dans la ville que le projet de délimitation envoyé en 1882, à M. le gouverneur Havelock, AYANT ÉTÉ ANNULÉ (?), il croyait pouvoir reprendre les négociations avec les différents chefs. De plus, le même gouverneur, dans une allocution qu'il adressait aux négociants du Sherbro, s'exprimait ainsi : *Oui, Messieurs, en arrivant à la côte pour la première fois, j'ai pensé que la colonie devait surtout, pour exister, avoir le plus de seaboards (bords de mer) possible, de manière à éviter qu'une autre puissance, par d'autres droits de douane peu en rapport avec les nôtres, ne vienne nous priver de nos revenus. J'ai travaillé, et je suis parvenu à repousser les prétentions du gouvernement de Liberia, qui nous menaçait alors, etc.*

Ainsi, parce que le gouvernement français n'avait pas encore admis la convention de 1882, M. le gouverneur Row concluait à son annulation. Mais, en politicien peu scrupuleux, il n'admettait cette annulation que pour le gouvernement français. Les avantages attribués au gouvernement britannique par la dite convention, tels que la cession, par la France, de ses droits sur le cours des deux Scarcies, le contrôle du bassin de ces deux rivières, la reconnaissance par la France des droits plus ou moins quelconques de la colonie de Sierra-Leone sur les territoires contestés par le gouvernement de Liberia, tout cela était, plus que jamais, l'apanage de la Grande-Bretagne. Pour le reste, c'était autre chose, et l'Angleterre, dans la personne de son consciencieux représentant, reprenait ses antiques droits (?) sur les points en litige entre la Mellacorée et le Rio-Pongo. Malheureusement pour le gouvernement anglais, nous fondions, en 1884, un établissement à Conakry et assurions notre protectorat sur la Dubreka : le Sombouya seul résistait à nos demandes. Mais cette prise de possession avait suffi pour calmer les ardeurs conquérantes de sir Samuel Row, et depuis, tout en entretenant dans le Sombouya des émissaires destinés à empêcher les chefs de traiter avec nous, il ne chercha plus à s'emparer de ces contrées.

Jusqu'en 1888, il n'y a rien eu de bien saillant dans les rapports des deux gouvernements. Au moment où M. le capitaine Hay prit la succession de sir Samuel Row, comme gouverneur, en août 1888, la situation financière de la colonie anglaise était loin d'être brillante. Depuis plusieurs années, une sourde hostilité était témoignée au gouvernement. Le commerce et les habitants se plaignaient, avec juste raison, de la stagnation des affaires; ils se plaignaient surtout des frais énormes occasionnés à la colonie par l'état-major du gouvernement colonial. Ces grosses dépenses et de maigres recettes avaient fini par produire une dette de 200 millions de francs. Devant cette situation, sir Row avait élevé d'une quantité

notable les droits des marchandises importées; et certains articles
tels que le tabac, les poudres, fusils et spiritueux, et les huiles
furent frappés d'un droit de 15 pour 100. De plus, le gouvernement
laissait entrevoir la probabilité d'un nouvel impôt, l'impôt sur les
immeubles. Ces différentes mesures furent accueillies par un tolle
général, et il était grand temps que M. Row quitte la colonie. Mais
les réductions sérieuses faites par le gouverneur nouveau au budget
des dépenses ne devaient pas améliorer sensiblement la situation.
Malgré les réformes, les dépenses dépassaient encore les recettes
de 125 000 francs. Il fallait donc aviser au plus tôt pour éviter,
sinon la ruine, du moins de très graves inconvénients.

A ce moment on apprenait que M. le major Festing, envoyé
l'année précédente pour tenter de nouvelles démarches auprès de
Samory, était mort à son voyage de retour, sans être parvenu à
voir le roi noir. Il fallait donc renoncer à l'ouverture des routes de
ce côté. S'en rapportant alors à la lettre de la convention manquée
de 1882, le gouvernement de Sierra-Leone décida de placer sous
son protectorat le Limbah, le Tambarka et le Tamisso. Pour le
Limbah et le Tambarka, situé sur la rive gauche de la grande
Scarcies, la chose devait aller toute seule. Le Gouvernement français n'avait-il pas montré qu'il était disposé à admettre pour les
Anglais le droit au contrôle complet des Scarcies. Mais pour le
Tamisso la chose souffrait quelques difficultés. Le Gouvernement
de la République, pensait-on à Sierra-Leone, n'accepterait pas sans
protestation la nouvelle des négociations entre le gouvernement
anglais et le roi du Tamisso. Il fallait donc agir de ce côté rapidement, et surtout en secret, de façon à placer le réclameur en
présence d'un fait accompli, et devant un traité légalement signé.
Il fut donc décidé qu'on occuperait sérieusement le Gouvernement
français d'un autre côté : on espérait ainsi que les choses traînant
en longueur par suite des difficultés de communication entre Benty
et Saint-Louis, on aurait le temps de placer le pays convoité sous le
protectorat anglais.

Pour un gouvernement autre que le gouvernement de nos voisins, il eût été certainement mal aisé de trouver un moyen de nous
créer des difficultés en Mellacorée. Tout y était tranquille : certaines questions délicates de politique intérieure venaient d'être
réglées. Et bien que ce règlement eût été accepté avec répugnance,
pour ne pas dire plus, par une partie de la population (couronnement d'un almamy, 9 août 1888), les prévisions étaient pour la
paix et non pour la guerre. De plus, le commerce allait d'autant
mieux que celui de Sierra-Leone allait plus mal. Mais les scrupules
gênent peu certaines volontés tenaces; aussi le gouvernement de

Sierra-Leone n'eût-il pas une minute d'hésitation et alla-t-il de l'avant.

Il existait dans la Mellacorée deux districts où les émissaires de nos voisins pouvaient facilement mettre le feu aux poudres : le Bereire et le Samoh.

Depuis longtemps les gens du Bereire refusaient de payer les droits de douane exigibles sur les produits exportés. A l'occasion du couronnement de l'Almamy du Moréah, le roi du Bereire, effrayé par la présence d'un aviso dans sa rivière, était venu à résipiscence. et moyennant une amende payée en bœufs, avait obtenu l'oubli de nos justes griefs. A l'instigation des partisans des Anglais, cette soumission ne dura pas. La faction antifrançaise fut vite reformée : profitant de la vieillesse du roi, elle fit décider non seulement le non paiement des droits de douane, mais encore la résistance à main armée si la douane essayait de forcer les pirogues à payer. Les traitants anglais de Sierra-Leone, seuls établis dans cette rivière, étaient de puissants auxiliaires pour le gouvernement de Sierra-Leone et ne contribuèrent pas peu à encourager la révolte contre nous. Les choses allèrent si loin que, en avril 1889, le gouvernement du Sénégal fut obligé d'en arriver aux mesures répressives. M. le lieutenant de vaisseau Delalande, avec l'*Ardent*, remontant en une soirée le cours de la rivière Bereire, bombardait la ville, la brûlait et après elle tous les villages de la rivière. Cette navigation audacieuse dans une rivière où ils se croyaient à l'abri de nos bateaux, parce qu'elle était réputée innavigable même pour des côtres de 12 ou 15 tonneaux, frappa les rebelles d'épouvante : et à l'heure où ces lignes sont écrites, ils n'ont pas osé rentrer sur leurs terres, bien que le gouvernement n'y mette pas d'empêchement.

Au Samoh, les intrigues anglaises avaient encore plus de chances de réussir. Depuis la mort du Bey-Sherbro, deux compétiteurs se disputaient la couronne du Samoh. C'était Fa-Yemi, et Ansou, chef de Benty, tous deux frères du défunt ; Fa-Yemi était le successeur légal de Bey-Sherbro : de plus, il avait l'estime et les sympathies générales, tandis que Ansou, sans religion, ivrogne et débauché, n'avait aucun partisan. En outre, Fa-Yemi occupait la partie du Samoh qui confine les territoires anglais. Au lieu de nommer Fa-Yemi qui, une fois couronné et jouissant de la rente annuelle consentie par le gouvernement aux rois du Samoh, eut bien vite rejeté les tendances anglaises, l'administrateur de la Mellacorée, (à fin 1885) proposa Ansou, qui fut accepté. Le Samoh se partagea immédiatement en deux fractions : l'une très clairsemée en partisans, tint pour Ansou, et fut le parti français, l'autre, très nombreuse, embrassa la cause de Fa-Yemi et fut le parti anglais.

C'est cette situation que le gouvernement de Sierra-Leone exploita pour nous créer des embarras. Il y réussit facilement. Sous les excitations de deux traitants noirs de Sierra-Leone installés à Pamala, rivière de Mahéla, et qui se disaient ouvertement les salariés du gouverneur Hay, les partisans de Fa-Yemi se remuèrent davantage : ils allèrent porter leurs hommages au gouvernement anglais qui pour garder les apparences ne les reçut pas; mais voyant les gens du Samoh presqu'au point où il les voulait, il activa encore le zèle de ses émissaires. Ceux-ci firent croire aux noirs que le gouvernement français n'avait dans le Samoh que le seul point de Benty et que tout le reste avait été volé (sic?) par lui aux Anglais; mais que la reine et le gouverneur allaient faire maison nette des intrus. Ces stupidités furent aisément crues et l'audace des gens du Samoh s'en accrut.

En novembre 1888, désireux de faire cesser la contrebande qui se faisait par la crique Mahela, l'administrateur de la Mellacorée, alla visiter ce cours d'eau pour étudier la possibilité de placer un poste de douane. A peine fut-il arrivé à Pamala avec son interprète, qu'à l'instigation de deux noirs de Sierra-Leone, traitants de ce village, il fut arrêté, insulté et volé, son interprète grièvement blessé : de là l'administrateur fut dirigé sur Morebaiah, capitale du Samoh dissident, où on le fit passer en jugement, ensuite on le conduisit sous escorte au poste anglais de Quicham où on le remit entre les mains de deux policemens anglais pour être conduit à Sierra-Leone : le tout, disait le pseudo-jugement, pour avoir souillé et violé le territoire anglais par sa présence. Informé de ces faits, le gouverneur Hay se conduisit très courtoisement et envoya à l'administrateur français son yacht pour le conduire à Sierra-Leone. Disons toutefois que malgré cette attitude très correcte, Son Excellence avait laissé percer le bout de l'oreille. Dans l'échange de lettres qui avait eu lieu entre lui et notre consul, dès l'annonce de l'arrestation du fonctionnaire français, il s'exprimait ainsi : « Je regrette ce qui arrive, mais les gens du Samoh étant sous l'autorité française, je ne puis rien à la chose. » Tandis que le lendemain, dans une nouvelle lettre, il disait : « J'envoie des instructions formelles à l'officier des douanes des Scarcies pour intimer aux gens du Samoh *d'avoir à relâcher de suite* le commandant de Benty. » Ce n'est qu'après avoir reçu cet ordre, en effet, que les rebelles conduisirent leurs prisonniers à Quicham.

Inutile d'insister davantage sur ce sujet ; ces deux passages de lettres prouvent surabondamment que, bien que les traitements odieux infligés au fonctionnaire français et à son interprète n'aient pas été le fait du gouvernement anglais, l'éclosion soudaine d'une haine si violente et la tentative de rébellion contre notre représentant, avaient uniquement pour cause les agissements des agents anglais, envoyés dans le Samoh dans ce but.

L'arrestation arbitraire du commandant de la Mellacorée combla de joie le gouvernement de Sierra-Leone. Un acte semblable commis par des protégés français sur un représentant du gouvernement français devait, pensait-on, amener, à bref délai, une punition exemplaire. Il pourrait alors, pendant que nous serions en train de châtier les rebelles, prendre tout son temps pour entrer en relations avec les chefs du Tamisso et autres, et conclure avec eux le traité qui devait isoler la Dubreka et la Mellacorée du Foutah-Djallon. A la date du 18 décembre était écrite une lettre à l'adresse des chefs des pays susnommés. Ces lettres, dont nous parlerons plus loin, furent portées aux destinataires par un homme de confiance qui avait pour mission de décider les chefs à descendre à Sierra-Leone pour y traiter. Nous n'entrerons pas dans les détails de cette tentative, qu'il nous suffise de dire que le Limbah et Koukouna signèrent seuls un vrai traité.

La tentative du capitaine Hay avait donc avorté. Non seulement le Tamisso et le Tambarka avaient refusé tout arrangement avec le gouvernement anglais, mais encore, les événements ayant marché contrairement aux prévisions du gouvernement de Sierra-Leone, l'administration de la Mellacorée avait eu connaissance des négociations échangées. Ce fonctionnaire eut donc tout le loisir de parer le coup, et de rendre compte au Gouverneur du Sénégal de la tentative anglaise, et des démarches faites par lui-même en vue d'amener les rois du Tambarka et du Tamisso à la signature d'un traité de protectorat avec la France. Deux lettres avaient été envoyées auxdits rois pour leur faire des ouvertures à ce sujet. Les deux réponses avaient été affirmatives, celle du Tambarba principalement. Le roi Kalé-Kolé y disait :

« Depuis de longues années, les Sofas sont les seuls qui aient pu nous battre à la guerre : les Français sont les maîtres des Sofas, en prenant leur drapeau nous empêcherons les guerriers de Samory de venir chez nous. Nous ne voulons pas des Anglais : leurs fusils n'ont jamais été loin dans le pays et ce sont de mauvaises gens. Nous avons déjà deux fois refusé leurs cadeaux et leurs papiers d'alliance : mais pour les Français c'est autre chose. »

Ces réponses furent transmises au Gouverneur Clément-Thomas qui prescrivit à l'Administrateur du Benty de monter au Tambarka et de tâcher d'en revenir avec le traité de protectorat. Ce voyage devait s'effectuer dès que l'expédition militaire destinée à châtier le Bereire serait terminée.

Or, à la même époque, arriva un télégramme du sous-secrétaire d'État, M. De Laporte, prescrivant l'envoi de troupes dans le Samoh, avec mission d'entrer dans la rivière Mahela, de brûler Pamala où avait eu lieu l'arrestation de l'administrateur, d'y prendre, si possible, les deux traitants Sierra-Leonais, instigateurs des faits, et de rentrer à Benty après avoir infligé au Samoh une sévère punition. L'aviso *le Goëland*, commandé par M. le lieutenant de vaisseau Boyer, fut chargé de cette mission. Aussitôt l'affaire du Bereire terminée, cet officier prit ses dispositions pour exécuter les ordres du Département. Il partit de Benty avec 30 hommes de la compagnie de débarquement. Après une marche de 40 kilomètres dans un pays inconnu et hostile, le commandant Boyer arrivait le soir sur le bord de la mer après avoir brûlé une quinzaine de villages; le lendemain il remontait la rivière Mahela, brûlait Pamala, et rentrait à Benty sans perte aucune pour sa troupe, malgré de nombreux engagements où les rebelles perdirent beaucoup de monde.

Cette opération terminée, l'Administrateur allait partir pour sa mission, quand un jour arrivèrent au poste de Benty deux policemens anglais armés, suivis d'un interprète et d'un guide. Après avoir traversé tout le Samoh, ils entraient tranquillement dans Benty, porteurs d'une lettre adressée à l'administrateur. Cette lettre émanait du capitaine du yacht du gouverneur anglais, et était datée de Quicham (Grande-Scarcies). Elle protestait contre la violation du territoire anglais faite par les troupes françaises par l'incendie de Pamala. Trouvant plus qu'incorrect un procédé qui consistait à faire traverser le territoire français par des hommes armés, sans autorisation, l'Administrateur fit désarmer les soldats anglais, les interna dans l'enceinte fermée du poste et laissa la lettre sans réponse. Trois jours après, nouveaux soldats avec une nouvelle lettre. Celle-ci venait du mouillage de l'île Yelaboa et provenait du capitaine de frégate commandant le croiseur anglais *l'Archer*. Elle protestait également contre la violation. Cette lettre resta également sans réponse, et les deux soldats désarmés, furent internés avec les deux premiers.

Ainsi, quand à propos de l'arrestation de l'Administrateur français à Pamala, Son Excellence le gouverneur de Sierra-Leone avait déclaré, par écrit, qu'il n'y avait pas à intervenir parce que *Pamala se trouvait en territoire français*, quatre mois plus tard, oublieux des choses écrites, on n'hésitait pas à accuser ce même administrateur de violation de territoire anglais, parce qu'il était allé, par ordre, à ce même Pamala pour infliger une punition aux habitants de ce village. Mais on voulait l'empêcher de monter au Tambarka et au Tamisso, et tous les moyens étaient bons.

Sur ces entrefaites, l'aviso *la Mésange* qui descendait au golfe du Bénin avec une compagnie de tirailleurs sénégalais, vint relâcher à

Benty. A son bord se trouvait M. Tautain, directeur des affaires politiques, envoyé en mission spéciale et ayant les pleins pouvoirs du gouverneur. Sûr alors du terrain sur lequel il marchait, l'Administrateur demanda à partir avec la Compagnie de débarquement de *la Mésange* et la Compagnie de tirailleurs, et d'aller brûler Morebaiah, situé entre Pamala et les Scarcies : le tout, pour prouver à nos voisins quel cas nous faisions de leurs protestations ridicules et déloyales. L'autorisation, demandée par cablogramme, fut immédiatement accordée par le gouverneur Clément-Thomas, et l'expédition de Morebaiah eut lieu.

Il y avait deux jours que les troupes étaient rentrées à Benty et que les quatre Anglais avaient été renvoyés à Sierra-Leone, quand le croiseur anglais, *l'Archer*, parut un matin en vue de Benty. Entra-t-il dans les eaux françaises, resta-t-il en dehors de la barre? c'est ce qu'on ne peut dire. Pendant que le navire anglais restait à croiser au large, un officier venait à Benty, porteur d'une lettre de M. le lieutenant-colonel Pattchett, gouverneur de Sierra-Leone par intérim, à l'administrateur de la Mellacorée. Cette lettre, qui ne soufflait mot de nos prétendues violations de territoire, demandait la restitution des armes enlevées aux soldats anglais. M. Tautain répondit en substance : « *Qu'il n'était jamais entré dans nos idées de garder à tout jamais les armes en question; que, jusqu'à présent, nous avions pu croire que l'envoi des précédentes lettres, le passage d'hommes armés à travers le territoire français étaient le fait de fonctionnaires trop zélés. Mais qu'aujourd'hui, la lettre de Son Excellence prouvait que tout avait été fait par ses ordres, qu'en conséquence, nous n'avions plus aucune raison de garder les armes et que nous nous faisions un véritable plaisir de les rendre.* »

Pendant ce temps, que faisait l'autorité anglaise? Elle envoyait à terre cent hommes de la compagnie de débarquement de *l'Archer*, et cinq petits canons de campagne, avec ordre au commandant de cette troupe de marcher sur Morebaiah et, si elle rencontrait la colonne française de la forcer à se retirer immédiatement. Ces faits n'ont pas besoin de commentaires. Ainsi, M. le colonel Pattchett n'hésitait pas à envoyer une troupe régulière anglaise, sur un point que le gouverneur titulaire de Free-Town avait lui-même déclaré être en territoire français, avec ordre d'en chasser la troupe française, et cela sans tenir compte du conflit épouvantable qu'aurait pu amener la rencontre des deux troupes. Nous devons dire toutefois que, sur les représentations du Gouvernement de la République, le lieutenant-colonel Pattchett était immédiatement rappelé.

Deux jours après ces événements, le 10 mai 1889, l'Administrateur de Benty partait pour le Tambarka : le 19, il signait avec Kalé-

Kolé le traité qui nous donnait le protectorat de ce pays, et le 24, il arrivait à Ouassou, capitale du Tamisso. Les chefs prévenus d'avance étaient tous réunis, le soir même de l'arrivée eut lieu la première entrevue. Le protectorat était accepté, quand au milieu du meeting, arriva un messager, porteur d'une lettre du consul de France à Sierra-Leone. Cette lettre contenait une affiche apposée quelques jours avant sur tous les murs de Sierra-Leone, et prévenait l'Administrateur des faits et gestes de l'autorité anglaise. Voici la traduction de cette affiche :

Par Son Excellence William Gordon Pattchett, lieutenant-colonel dans l'armée de Sa Majesté, administrateur du gouvernement de Sierra-Leone, etc., etc.

« Comme un traité a été conclu entre ce gouvernement et Almamy-Suman, chef de Bafooria, dans le pays de Limbah, le 6 février 1889;

« Et comme un autre traité a été conclu entre ledit gouvernement et Bambah, chef de Sayunyah; Almamy Foday, chef du Tamisso; Wenday-Modou, chef du Konimackah; et Bassie, chef de Koukouna; le 18 février 1889;

« Et comme il m'a été signifié par le très honorable principal secrétaire d'État aux colonies, que Sa Majesté confirme lesdits traités;

« En conséquence, maintenant, je soussigné, publie, proclame et fait connaître la très gracieuse confirmation que Sa Majesté a faite des traités précités.

« Donné au palais du gouvernement, fort Thornton, Free-Town, dans ladite colonie de Sierra-Leone, le vingt-neuvième jour d'avril de l'an de Notre-Seigneur 1889 et dans la cinquante-deuxième année du règne de Sa Majesté.

« Par ordre de Son Excellence,

« J.-J. Crooks,
« secrétaire colonial et trésorier par intérim.

« Dieu sauve la reine. »

On juge aisément de la surprise du commandant de Benty. La seule chose à faire c'était de s'assurer, auprès d'Almamy Foday, de la vérité du document anglais, au moins pour le Tamisso ; ce fut fait séance tenante. Le roi parut très étonné de la question et après avoir envoyé chez lui chercher une lettre : « *Tiens, dit-il, voilà la seule lettre que mes gens ou moi, ayons jamais reçue des Anglais. Après sa réception, j'ai envoyé à Kambia deux de mes fils ; ils y sont descendus avec deux notables du Tambarka ; on les a gardés trois semaines et ils ont refusé de rien signer parce qu'ils n'avaient pas d'ordres de moi à cet égard. Ils sont revenus très mécontents,*

*sans avoir reçu d'autres cadeaux que douze gourdes par pays, et
après avoir été forcés de vendre un bœuf pour payer leur nourri-
ture et leur logement. Non, personne dans le Tamisso n'avait
jamais signé rien avec les Anglais. »*

La lettre anglaise, probablement lettre circulaire envoyée à tous
les chefs dont les noms figurent sur le document que nous reprodui-
sions plus haut, était écrite en arabe et en anglais : nous en possé-
dons l'original et, comme pour les autres documents cités dans ce
travail, nous la traduisons in-extenso.

ABORIGÈNES   « Governement House,
   N° 130   « Sierra-Leone 18th décembre 1888.

     « Chef Laminah, Sayunyah, Tambarka.

     « Mon bon ami,

« Des mois ont passé depuis que vous ou vos messagers ne sont
venus ici, et je suis anxieux d'avoir des nouvelles au sujet du
chemin que la grande reine d'Angleterrre désire voir ouvrir aux
traitants pour monter ou descendre librement. C'est pourquoi je
vous envoie mon messager qui vous porte cette lettre avec un cons-
table de police, pour vous demander d'user de votre influence pour
ouvrir le chemin de façon à ce que les étrangers puissent descendre
librement de l'intérieur. Si vous consentez à faire cela et si vous
acceptez de faire de votre mieux pour garder le chemin ouvert, je
désire que vous m'envoyiez de bons messagers : nous pourrons
mettre ainsi une affaire en train et faire un bon livre [1] au sujet de
la route. Je vous demande de m'envoyer prompte réponse pour que
je puisse savoir votre opinion sur la matière.

« Espérant que vous êtes en bonne santé, je suis votre bon ami

          « J.-S. HAY,
         « administrateur en chef. »

Les messagers sont envoyés, mais bien qu'ils soient partis
mécontents et aient refusé formellement de prendre aucun engagement, il a suffi de leur seule venue pour que l'imagination anglaise
bâtisse un coquet échafaudage de traités signés et de territoires
annexés à la colonie de Sierra-Leone. La manœuvre, quoique bien
ourdie, n'avait pu réussir. Il est certain que sans le départ préci-
pité du commandant de Benty pour le Tamisso, la ratification des
soi-disant traités lui serait parvenue à Benty même. On avait
pensé que, devant un tel document, ce fonctionnaire hésiterait à
faire un voyage long et surtout inutile chez des populations déjà ac-
quises à l'influence anglaise. On aurait donc eu le temps d'essayer

[1] Terme employé par les noirs pour désigner une convention écrite.

une nouvelle tentative, et d'être plus heureux que dans la première.

Ce n'est pas sans intention que nous nous sommes servi, il y a quelques lignes, du mot manœuvre. Avec Almamy Foday, les Anglais n'ont jamais signé aucun traité. Pour les autres chefs, la preuve ressort avec non moins d'évidence.

Nous n'avons pas à nous occuper ici du chef de Bafooria. Que le gouvernement de Sierra-Leone ait ou n'ait pas traité avec lui, peu nous importe. Mais pour les autres chefs, c'est autre chose.

Le Tambarka se divise en quatre districts placés chacun sous les ordres d'un chef ou almamy, nommé par le roi du Tambarka. Ces quatre districts sont : le Yobagni, le Sella, le Degniera et le Conemaka.

Pour le Tamisso, même organisation et même nombre de districts qui sont : le Yobagni, le Talla, Solemon et Carimoia. De ceci, il résulte que 1° le Sayungah n'est pas dans le Tambarka, comme le porte la lettre n° 130 ; 2° que son chef qu'on nomme Bambah dans le soi-disant traité ne peut pas s'appeler Laminah comme dans la lettre 130 ou inversement ; 3° en admettant l'existence du traité entre le chef du village de Koukouna et celui du district de Conemaka et le gouvernement de la Reine, ni Wonday-Modou, et encore moins Bassie, chef de Koukouna, placé sous sa juridiction, ni le chef de Sayunyah, Bambah-Laminah, n'avaient le droit de signer quoi que ce soit avec le gouvernement britannique.

Nous avons dit : en admettant que ces chefs aient signé un traité quelconque avec le gouvernement anglais. Ils n'en ont signé aucun. En voici la preuve. Après avoir reçu les explications du roi du Tamisso et son acceptation du traité de protectorat avec la France (25 mai 1889), l'Administrateur se rendit à Sayunyah pour voir le soi-disant signataire du traité. Le chef, qui s'appelle Laminah, est un vieillard de soixante-dix ans environ, qui, depuis deux ans, habite à quelque distance de Sayunyah ; il est en proie à une maladie noire qui l'empêche de s'occuper des affaires de son district ; il est remplacé par un des familiers de l'Almamy Foday qui n'a jamais été de sa vie à Sierra-Leone ; celui-ci confirma à l'Administrateur, avec le voyage d'un fils d'Almamy Foday, d'un envoyé de Laminah et d'un messager du district de Conemaka, le mécontentement de l'accueil reçu et le refus formel d'accepter le protectorat anglais. A Contah, résidence du chef de Conemaka, non seulement l'Administrateur acquit la certitude qu'aucun traité n'avait été signé par ce chef, mais encore, il reçut de lui l'offre de couper, manu militari, la route qui conduit à Kambia. Ces procédés à l'anglaise étant peu dans nos usages, et comme il nous suffit d'avoir la protection des routes pour les caravanes qui descendent dans nos comptoirs, l'Administrateur refusa l'offre de Wonday-Modou.

De cette enquête, il ressortait donc que la proclamation affichée sur les murs de Sierra-Leone avait été faite pour les besoins de la cause, qu'aucun traité n'avait été signé avec le Tamisso ou le Tambarka, que, parconséquent, la reine d'Angleterre n'avait pu donner son approbation à un acte imaginaire. Si, par hasard, nous nous trompons, si, réellement, il existe des traités, que le gouvernement de Sierra-Leone les montre : alors nous consentirons à suspendre notre jugement jusqu'à ce qu'on nous ait prouvé l'authenticité des documents. Mais nous doutons qu'on soit en état de montrer quoi que ce soit de sérieux. Si on eut pu le faire, fort de son droit d'antériorité, le gouvernement anglais, qui ne cède jamais ce qu'il a acquis, ne nous aurait pas laissé le riche pays du Tamisso par le traité du 10 août 1889.

Pendant son séjour au Tamisso, le commandant de Benty avait vu des messagers venus de la part du roi de Sulimana pour demander à entrer dans l'amitié des Français. A son retour, le traité de protectorat avec le Bennah était aussi signé (31 mai 1889).

En résumé, en juin 1889, le situation respective des colonies française et anglaise était la suivante : D'un côté, à Sierra-Leone, le commerce sans allures, l'argent plus que rare et un mécontentement général ; en politique, les nombreux échecs éprouvés par le gouvernement dans ses nombreuses tentatives d'expansion vers le Niger.

De l'autre, dans les Rivières françaises, presque toutes les difficultés intérieures résolues ou en bonne voie de l'être : le commerce secouant la torpeur des quelques années écoulées ; les routes, devenues sûres, suivies à nouveau par les caravanes ; la conquête pacifique du Tambarka, du Bennah, du Tamisso nous donnant, au détriment du gouvernement anglais, une grande partie de cette route des Scarcies à Falabah, objet de ses efforts infructueux depuis seize ans. Encore un pas et, après avoir poussé une pointe jusqu'aux sources mêmes du Niger, nous allions, à la belle saison suivante, donner la main à nos possessions du Soudan en faisant entrer le Sulimana et le Sangaran dans les liens de notre amitié.

Ces avantages, cette position commerciale et politique qui nous donnaient pied sur le versant oriental du partage des eaux, ne devaient pas nous rester longtemps. Le 10 août 1889 se signait entre les deux Puissances une Convention dont les clauses principales étaient les suivantes pour les Rivières du Sud.

La frontière entre les deux Colonies serait tracée conformément au traité manqué de 1882 ; la ligne de démarcation, après avoir séparé le bassin de la Mellacorée de celui des Grandes Scarcies, passera entre le Bennah et le Tambarka, laissant aux Anglais le Talla, le Tamisso à la France, s'approchera du 10ᵉ degré de latitude nord, en comprenant le pays des Houbous dans la zône française et le Sulimana avec Falabah dans la zône anglaise. Le tracé s'arrêtera à l'intersection du 13ᵉ degré de longitude Ouest de Paris (10° 40′ de Greenwich) carte française et du 10ᵉ degré de latitude nord.

Il ne nous appartient pas de juger de l'article précité. Nous nous permettrons cependant de dire que cette partie de la convention du 10 août 1889 a été faite par à peu près; qu'il est certain, à la simple inspection de la ligne de démarcation qui y est indiquée, que les signataires de ladite convention ne se sont pas rendu compte ni de l'orographie, ni de l'hydrographie, ni de la division du pays, et que, adopter une pareille frontière, c'est s'exposer, pour les deux Puissances, à des ennuis sans nombres.

Si nous croyons que la ligne de démarcation adoptée entre le Tamisso, le Tambarka, le Bennah, les Houbous et le Sulimana doive amener plus tard des complications multiples, nous ne sommes pas du même avis pour celle qui clôt les possessions anglaises à l'est par le 13ᵉ degré de longitude et ne partageons pas la majorité des idées émises à ce sujet.

Dans le remarquable article que M. Henri Mager a consacré à la question dans le journal *la Géographie*[1], nous avons lu qu'après signature de la convention les Anglais ont déclaré la carte française inexacte et prétendu que le Haut-Niger coulait à l'ouest du 13ᵉ degré, c'est-à-dire sur territoire anglais.

Or nous avons entre les mains une carte anglaise à grande échelle de Sierra Leone et des territoires voisins. Cette carte très soignée date de 1887; d'après elle, le 10° 40′, degré de Greenwich, c'est-à-dire la frontière passe à 11 milles terrestres anglais, soit 17 kil. 699 à l'ouest du point marqué par eux comme étant la source du Niger qui, courant du nord au sud, puis au nord-est, ne rencontre plus le 13ᵉ degré de longitude. On pourra objecter que la carte est de 1887 et que, depuis, M. le major Festing, dans son voyage chez Samory, a pu prendre des relèvements permettant de fixer la matière. Nous en doutons très fortement, le major étant trop pressé d'arriver au but de son voyage et l'ayant fait trop rapidement pour déterminer avec approximation suffisante le cours du Haut-Niger par rapport au 13ᵉ degré. Du reste, la question est facile à trancher. Qu'on y envoie quelqu'un et on aura mathématiquement la position jusqu'à présent douteuse.

Conclusion. — En résumé, quelle est la situation actuelle de la colonie des Rivières du Sud?

1° Au point de vue politique : la Convention du 10 août 1889 n'a

---

[1] Le journal *la Géographie*, nᵒ du 6 mars 1890.

pas été favorable. Avant cette date, nous possédions le Tambarka, et par lui une route directe d'accès au bassin du Niger. La convention nous a enlevé ce pays, et par là rejeté notre route plus au nord. Mais de cela il ne faut pas conclure que tout accès au Soudan nous est, sinon impossible, du moins très difficile. La route Bennah, Tamisso et pays des Houbous, nous y mènera aisément. Mais il faut sans délai faire acte de protectorat sur les pays encore indépendants, que la convention laisse soumis à notre influence, car en attendant plus longtemps, nous serions précédés par les émissaires secrets anglais et ne trouverions plus que des populations travaillées par nos rivaux et devenues hostiles à notre influence et à notre autorité.

Au sujet de la partie de la convention qui traite des Rivières du Sud, qu'il nous soit permis de faire une remarque. Avec l'opposition que rencontre si souvent l'Administration coloniale au lieu de l'aide qu'elle devrait trouver pour les relations qu'elle a forcément avec les puissances étrangères ; avec les lenteurs qui se produisent journellement pour la ratification des traités de protectorat passés, soit au Soudan, soit aux Rivières du Sud (à l'heure qu'il est, les traités passés en mai 1889, avec le Bennah et le Tamisso, ne sont pas encore ratifiés), et surtout avec une diplomatie trop soucieuse de satisfaire le gouvernement britannique et ses exigences, ne vaut-il pas mieux une délimitation défavorable que rien du tout ?!

Avec des gens toujours à l'affût d'une occasion pour empiéter, peu scrupuleux des procédés employés, et assez heureux pour tirer profit de tous les doutes, il est cent fois préférable d'avoir une limite fixe, précise, qui, une fois tracée sur le terrain, ne laissera plus jour aux prétextes et aux équivoques voulues.

2° Quant à l'avenir des Rivières du Sud, au point de vue productif, il ne faut rien exagérer. Actuellement, 2.100.000 francs de produits exportés fournissent un budget de 300.000 francs. Nous ne croyons pas que, quoi qu'il arrive, le commerce d'exportation puisse monter plus haut que 3.500.000 francs ou 4.000.000 au plus, soit 500.000 francs de recettes pour le budget local.

Sagement conduite et administrée, la Colonie se suffira sûrement à elle-même, sans être une charge à la métropole.

Mais telle qu'elle est et si restreinte qu'elle puisse paraître, elle n'en a pas moins une importance capitale. Elle est un obstacle à l'expansion anglaise vers le Foutah-Djallon, et présente une base sûre, commode et solide, pour la pénétration au centre Afrique. A ce double point de vue, la Colonie mérite au premier chef l'attention du Gouvernement et de l'opinion.

ALIS — E. DE SOYE ET FILS, IMPRIMEURS, 18, RUE DES FOSSÉS-SAINT-JACQUES.

NIGER

LA QUESTION DES SOURCES DU NIGER ET LA CONVENTION DU 10 AOUT 1889

Dans le courant de 1889, un projet d'exploration avait été formé dans le but de tracer une voie de raccord de nos établissements des Rivières du Sud au Niger. Ce projet comportait la traversée du Sulimana, de l'Ouest Sangaran, la visite du pays Koranks et du haut bassin du Niger avec la détermination mathématique de la source ou des sources de ce fleuve. De plus, des traités au sujet desquels l'entente était à moitié faite, devaient être signés avec le Sulimana et le Sangaran, de façon à prolonger par ce pays notre route commerciale et politique qui va de Benty vers le Niger, en passant par le Bennah et le Tamisso rangés sous notre protectorat par les traités du 25 et du 31 mai 1889.

Le traité du 10 août 1889, signé avec le gouvernement britannique, au sujet des possessions anglaises et françaises à la côte occidentale d'Afrique empêcha la mise à exécution de ce projet. Mais, bien que suspendu, ce projet a encore aujourd'hui un intérêt capital au point de vue de la délimitation de nos nouvelles frontières. Le seul obstacle consisterait dans l'obligation de demander un crédit aux Chambres, crédit qui serait d'ailleurs bien insignifiant.

La convention du 10 août 1889 [1] détermine les principaux points de passage de la frontière qui doit séparer les Rivières du Sud des établissements anglais de Sierra-Leone.

Le 13e degré de longitude ouest doit, aux termes de ladite convention, marquer à l'est et à l'ouest la zone d'action des deux puissances. Au nord, la colonie anglaise serait limitée par une ligne à tracer partant de Mahela (un peu à l'ouest de l'embouchure de la grande Scarcies), venant se souder à la frontière du Bennah et du Tambarka (ce dernier cédé à l'Angleterre). La frontière remonterait alors au nord-est, laissant le Tamisso à la France, et s'en irait rejoindre l'intersection du 13e de longitude ouest avec le 10e de latitude nord, en laissant le pays des Houbous à la France; le Sulimana avec Falabah, sa capitale, à l'Angleterre. Telle est la nouvelle frontière déterminée par ladite convention.

La première raison du voyage en question serait donc de fixer les points douteux ou sujets à litiges pour plus tard de cette frontière théorique.

La ligne de démarcation, en effet, telle qu'on l'énonce dans le texte du traité, passe en coupant en deux des pays encore indépendants, tels que le Sulimana, ou récemment entrés dans un protectorat, comme le Tamisso, et il n'est guère probable que les populations de ces pays admettent sans mot dire un pareil partage.

La division politique des pays ainsi démembrés paraît n'avoir pas été connue des quatre signataires du traité : il y aurait donc avantage à avoir des données certaines sur une question qui a beaucoup de chances de soulever des difficultés postérieures. Sûrs de leur terrain, les diplomates français pourront alors répondre en toute connaissance de cause aux agents

---

[1] Voir le texte de la convention et le commentaire qui en a été fait, dans la *Revue française* des 15 mars et 15 mai 1890, n°° 90 et 94, t. XI, p. 380, 623.

anglais qui ne manqueront pas de s'entourer de documents sérieux et de nous induire en erreur, s'ils nous sentent moins ferrés sur la question.

De plus, en dehors de ces litiges futurs probables, la position de la source du Niger et de son premier bassin a déjà, au moment de la signature de la convention, amené des réserves de la part du gouvernement britannique. Nos voisins mettent en doute l'exactitude de la position donnée aux sources du Niger par les cartes françaises, et bien que certaines cartes officielles anglaises soient d'accord avec les nôtres pour placer cette source et ce bassin à l'est du 13ᵉ de longitude ouest, ils affirment le contraire et s'en tiennent au texte même de la convention. Il est donc urgent de déterminer mathématiquement la position de ces points, et de nous rendre compte des limites *réelles* fixées à notre action, de manière à ne pas chercher à établir des relations avec des indigènes destinés à échapper à notre influence, et aussi à ne pas repousser des avances de gens que nous aurons peut-être dans la zone de notre protectorat, une fois l'erreur géographique dissipée. Nous pourrions donc, *sans délai*, nous attacher des populations qui seront *bientôt* sous l'influence d'agents anglais envoyés dans le but de nous les aliéner, avant même de nous appartenir de fait.

En second lieu, et toujours au double point de vue géographique et politique, la mission descendrait le cours du Niger depuis sa source ou ses sources mathématiquement déterminées jusqu'à Couroussa en relevant le bassin de chacun des affluents de gauche qui coupent ou peuvent couper la nouvelle frontière anglo-française, et amenant les habitants à suivre les routes françaises pour aller aux comptoirs français, à la côte. De plus, l'étude des routes qui conduisent de Benty au Sulimana serait continuée jusqu'au cours même du Niger, et, au retour, le département des colonies aurait, des Rivières du Sud au Soudan, des profils en long assez complets pour servir d'avant-projet à des études plus exactes.

En résumé le but de cette mission serait triple :

1º Elle fixerait sur la position réelle de la nouvelle frontière et par là dissiperait toute équivoque pour l'avenir.

2º Elle travaillerait à ouvrir les routes commerciales sur terrain de protectorat français, du Niger aux Rivières du Sud, et montrerait aux populations nouvelles l'intérêt que la France leur porte, les avantages de notre protectorat, et notre volonté bien nette de ne pas laisser pénétrer chez elles d'autre influence que la nôtre.

3º Elle rapporterait des éléments topographiques et géographiques nécessaires pour relier d'une façon certaine et pratique les deux points de Couroussa et de Benty.

Le crédit nécessaire à l'exécution de ce projet serait de 30,000 francs.

La mission s'impose à bref délai, si nous ne voulons pas être devancés par la rapidité de la propagande anglaise; aussi se ferait-elle aussitôt les pluies terminées, c'est-à-dire au commencement de novembre.

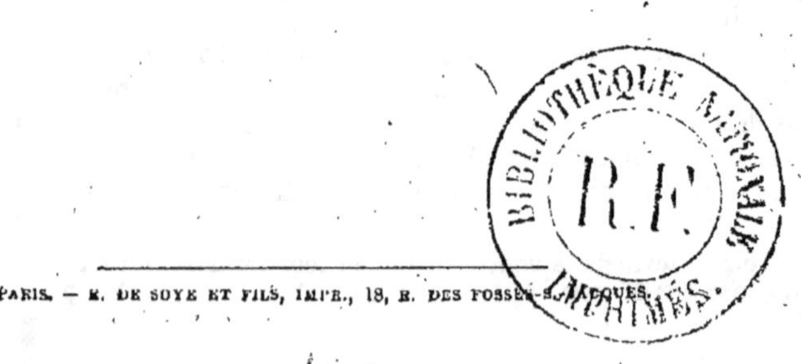